我們一切探索的結果，

就是回到我們開始的地方。

艾略特（T. S. Eliot）

〈小吉丁〉之五（Little Gidding V）

《四首四重奏》（*Four Quartets*）

經研究叢書
序章
開啟福音書的鑰匙
何蒙娜 著
郭靈飛 譯
基道出版社

▼

聖經研究叢書

序章

開啟福音書的鑰匙

Beginnings

Keys that Open the Gospels

作者
何蒙娜 Morna D. Hooker

翻譯
郭靈飛

責任編輯
李慧儀

內文排版
戴國基

封面設計
莫可雅

■

出版／發行
基道出版社
香港沙田火炭坳背灣街26號富騰工業中心1011室
LOGOS PUBLISHERS LTD.
Unit 1011, Fo Tan Ind. Centre, 26 Au Pui Wan St., Shatin, Hong Kong
電話：(852) 2687-0331　傳真：(852) 2687-0281
網址：http://www.logos.com.hk

承印
海洋印務有限公司

●

12/2005初版
Cat. No. LP 161
ISBN-10: 962-457-298-4
ISBN-13: 978-962-457-298-8

First published 1997 by SCM Press Ltd.
9-17 St Albans Place London NI ONX.
Under the title of : "Beginnings: Keys that Open the Gospels."

Printed in Hong Kong

約翰·艾伯特·賀演講系列簡介

約翰·艾伯特·賀(1869～1933)是一位教會傳道人、化學家、拓荒者、軍人、商人及慈善家。他約在十九世紀結束之前十年，從英國移居到加拿大，在英屬哥倫比亞的維多利亞定居。他留下一筆遺產給英屬哥倫比亞教區，設立一個講師的職位，以促進基督教與當代思想之間的和諧。賀上校慷慨的捐贈，連續支持了三位法政講師：米高·科爾曼(Michael Coleman)、希萊利·巴特勒(Hilary Butler)及湯馬斯·貝利(Thomas Bailey)。這筆遺產也有助於成立「維多利亞市郊區平信徒神學學校」(Greater Victoria Lay School of Theology)。自從一九九五年開始，它亦支持英屬哥倫比亞教區及維多利亞大學的宗教與社會研究中心的講師合作計劃。

這中心在一九九一年成立，其目的是促進宗教與科學、倫理、社會及經濟發展，與及其他文化範疇之間的關係的學術研究。作為約翰·艾伯特·賀演講系列的共同贊助機構，它也協助這基金完成其條款。

約翰·艾伯特·賀演講系列，都是一些傑出的神學家，在加拿大維多利亞的一個為期兩週的團契中，向著教會、大學及社區所發表的講論。出版這個演講系列的目的，是為了讓更多的讀者，能夠從這演講系列和中心的工作中得益。

目錄

序言

這四篇的演講是在一九九六年九至十月期間的約翰．艾伯特．賀演講系列中發表的。我感謝英屬哥倫比亞教區及維多利亞大學的宗教與社會研究中心，邀請我發表這些演講，並且感謝他們殷勤的款待。

如果能夠按著其原本的形式來出版這些演講是最好的，但我加上了一些參考和註釋筆記，以及進深閱讀的資料。書末並沒有列出來的書籍和文章，其詳細書目資料已寫在註釋中了。我感謝鍾斯牧師 (Revd. Dr Ivor H. Jones) 對我的原稿提出意見。

我也多謝Faber and Faber Ltd.容許我引用艾略特的《四首四重奏》。

何蒙娜

引言

這四篇演講的主題，是關於序章的重要性，而且特別是關乎序章如何幫助讀者了解以後的內容。我們每個人都可能有這個混亂的經驗：一部小說的作者，在完全沒有交代日期、地點，或者是角色的身分的情況下，就開始了故事，期望我們閱讀下去的時候，能夠慢慢地建構出一幅圖畫來。如果小說在開始的時候，就已清晰地提供了資料，讓我們了解情勢，豈不是更加容易讀嗎？同樣，如果其他類型的書在起頭的時候，也提供關於其目的與內容的資料的話，就會更加令讀者易於掌握。

有時候，一篇文章的開首段落會簡單提及以後談論的主題。其中一個例子就是古代世界的書信，它們一般都是用這種形式開始的。所以，在保羅書信的介紹性感謝辭中，找到同樣情況，也就一點也不足為怪了。[1]在古代的世界，作者們也往往用這類開首段落作為前言，解釋這本書的範疇和目的：這正是路加的福音書中頭四節的作用。編劇的人有時會提供所需要的背景資料，讓讀者能夠明白劇情。舉例說，莎士比亞在《亨利五世》(*Henry V*)的前言中就是這樣做。有些時候，作者認為那本書其餘部分該以特定方式被閱讀，他們會提供指引給讀者。有些時候，這些資料包含了對故事結局的一些重要提示。

同樣，在福音書中，福音書作者也提供了背景資料，引導我們用個別著作者所期望的方式來讀這本書，同時也對故事的結局作出了提示。

今日，你在圖書館或書室裏選上了一本書，是因為它的書名和封面吸引了你。在你決定是否要借或者買這本書之前，你可能會先讀一下出版商印在書衣上的內容說明；掃視一下目錄頁；再看看前言和引言，查察到底這本書是否真的如其外貌一樣。今日的書名、出版說明、目錄、前言及引言等資料，在古代的世界中，是有需要在起首段落中提供的。我們的福音書作者已經給我們這類資料，是要我們留心去讀的。

註釋

1. 在Paul Schubert, '*The Form and Function of the Pauline Thanksgivings*', BZNTW 20, 1939。最先提出這點。我最近曾應用這個概念於文章 '1 Thessalonians 1.9~10: A Nutshell—But What Kind of Nut?'，該文刊於*Geschichte—Tradition—Reflexion: Festschrift für Martin Hengel zum 70. Geburtstag, III: Fürhes Christentum,* 435～448。Edit. Hermann Lichtenberger, Mohr（Siebeck), 1996。

第一章

戲劇性的鑰匙（可一1～13）

結尾是我們開始的地方

——艾略特，〈小吉丁〉之五，《四首四重奏》

組成新約的二十七卷書中，大部分都是書信。我們傾向用「書信」(epistles) 這個漂亮的名字來稱呼它們。然而，這個字與信件 (letter) 的意思是一樣的，我們也可以毫無困難地把它們認作信件。正如今日的信件用「親愛的路茜姑姑：」作為開始，古代的信件也會用古代相應的詞語稱呼受書人，讓我們知道作者的名字，又以一個祝福為結尾。頭四卷書被歸類為「福音書」，但它們是怎樣的書卷呢？我們以為我們知道，因為我們對這些特別的文獻已經很熟悉，很難想像它們是跟我們的想法完全不同的東西。它們講及耶穌的故事，而且被認為是耶穌的生平，然而它們卻是很古怪的生平。就如在馬可福音中，它的主題是以一位成年人作為開始的，完全沒有交代任何關於祂童年的事，這到底是怎麼樣的傳記呢？再者，有甚麼傳記像約翰福音那樣，以大量誇張的神學字句作為開始的呢？沒有一位傳記作者是完全客觀的，你隨時可以比較邱吉爾 (Winston Churchill) 和理察三世 (Richard III) 的幾本不同的傳記，就可以發現這點。所以我們不必太驚訝這些作者是另有目的。但為甚麼他們的書卷會被稱為「福音書」，即「好消息」呢？很明顯寫這些書卷的人，也沒有嘗試要客觀：他們所寫的，是為了宣傳基督的信仰。這些作者都是福音傳道者，他們的目的是要說服他們的讀者接受「福音」的真理。

首先，我們需要記著，這些書卷是寫出來是給人聽，而不是給人讀的。我們太習慣於寫出來的文字，而很難想像自己身處於一個沒有報紙或雜誌的世界，任何要寫出來的文字都要靠人手慢慢地書寫出來，沒有文字處理器的幫助。每一本書的副本都要費勁地逐字抄出來。那是一個習慣於聽的世代。在那個世界，書本是罕有的東西。很少人能夠個別地擁有書本，即使一個基督徒羣體擁有一卷福音書的副本，他們都會十分珍惜。我們的福音書，最初很可能是為某個特定的羣體而寫的，在後期才製作出一些抄本，然後在其他城市的基督徒羣體中流傳。那麼，我們可以嘗試想像一下，一羣早期的基督徒圍在一起敬拜，專心地聆聽所宣讀出來的福音書。受眾們透過聆聽而得到的影響，與透過閱讀所得到的影響是很不同的。當我們聆聽的時候，我們必須要專心的聽，否則會遺漏和忘記，但如果我們是閱讀的話，我們往往可以回到不清晰的地方再讀。閱讀令我們成為懶惰的聆聽者：有人説，聽眾的專注力現已下降到只有數分鐘。然而，有些方法是可以幫助聽眾跟得上所宣讀出來的東西的。當我們聆聽的時候，我們需要簡短和乾淨俐落的句子，否則我們會掌握不到其中的意思。我們會留意一些常常重複的或相似的字眼。一首詩歌的副歌，能夠使詩歌有凝聚力；一篇散文的總結，可以幫助我們吸收所要帶出來的信息。在閱讀的時候，我們可以掌握一些較長和複雜的句子。我們會留意一些強調重點的東西，如章題、段落及斜體字等等。我們也可以快速地翻閱多頁，以掌握該論據的梗概。如果我在預備演講，我發覺我所用的風格，與寫書時所用的風格，是很不一樣的。例如：我在演講中會用簡短的句子，而在書本中，我一定會用更長的句子。

所以，當我們研讀福音書的時候，我們必須記住，雖然我們可以安坐家中自己閱讀，仔細研究每個字眼，但這並不是福音書的第一批讀者，或者應該説是聽眾所聽的方式。現代的學者喜歡分析福音書，將它們分成段落和小段落，但第一批的讀者不會這樣。他們是基督徒的羣體，相聚在一起去聆聽「福音」，就是聆聽所宣讀出來的好消息。在第一卷福音書還未完成之前，他們從羣體中的其他成員口中，也同樣聆聽到個別的故事。可能在當時，這些故事還沒有某種次序的安排，這些說故事的成員也只是從他們的基督徒前輩中聽到這些故事。

那麼，請想像一羣早期基督徒羣體的一名成員，第一次坐在那裏聽馬可所講的故事。我們會從馬可福音開始。雖然學者持續有爭議，但我們幾乎可以肯定馬可所寫的福音書，就是第一本寫下來的福音書。馬可的聽眾，透過聆聽他生動的字句，就很容易想像到他所形容的情景。他們可以想像到自己在人羣當中，在加利利聆聽耶穌的話，又與門徒一起，跟隨耶穌往耶路撒冷。他們可以感受到，耶穌在呼召人作門徒時所顯的能力，並且作出自己的回應。雖然，沒有任何演員站在他們面前的舞台上，但這實際上是一種讀劇 (play-reading) 的效果，即是聆聽讀出來的劇本。再者，這也是一齣要求觀眾去參與的戲劇。

馬可的福音書具有戲劇性功能，這個概念令人著迷，因為當深入分析經文的時候，就會發現它與當代的希臘戲劇有趣地相類似。根據亞里士多德的分析，一個悲劇的基本模式是這樣的：「複雜混亂」的處境，是造成悲劇產生的情況，故事當中鋪排了一些無可避免地導致悲劇發生的各樣事件。接著，故事又出現了「轉捩點」或「逆轉」，這往往是發現或識別的時刻。當小說的人物掌握到一些有意義的東西時，戲劇從此就開展了最後的階段 (denouement，字面意思是「解結」〔untying〕)，或者是發生了悲劇。[1]亞里士多德稱這個悲劇的開始場景為「開場白」，[2]實際上它往往為讀者提供了一切需要了解這齣戲劇的資料。[3]整齣戲劇以一段收場白為結尾。

馬可福音其中一個引人入勝的地方，就是在故事發生了一半的時候，有一個很清晰的轉捩點。這場景是發生在該撒利亞腓立比附近，當時彼得承認耶穌是彌賽亞。[4]這事以後，故事的本質戲劇性地改變了。在此之前，馬可的焦點在於耶穌滿有權柄的教導和神蹟，及其對於羣眾所帶來的影響、門徒的回應，以及宗教權威的敵意。但從這裏開始，焦點卻在於將要臨到耶穌的苦難。當中的神蹟不多，而且祂的教導大部分都是指向祂的親密跟隨者，內容也是關乎作門徒的本質。從該撒利亞腓立比，彼得確認耶穌的一刻開始，福音書開展了下半部的主導思想：十字架是無可避免的。根據亞里士多德的說法，這部分的劇情往往帶著嘲弄，因為是觀眾去理解在舞台上所展示的事件，而非那些參與者。但是觀眾如何理解正在發生的事呢？答案就是：在最初的開場白裏面便已交代這個資料，觀眾便能夠私底下明白正在發生的事件了。[5]

這時你可能很想告訴我：「不管它是多麼的有趣，但是，把悲劇與馬可的福音拉上關係有一個很重要的問題，那就是：福音不是一個悲劇。」不錯，在人的眼中，它**似乎**是悲劇，而且對很多參與在故事中的人來說也是悲劇。只有那些讀過故事的開場白和總結的人，才知道故事的真相，並且知道事實上這就是馬可所稱為：「關於神的兒子，耶穌基督的福音」。

那麼，馬可是否刻意把這個故事鋪排成為戲劇的形式？他認識希臘的戲劇嗎？地中海東部的世界(包括巴勒斯坦本身)，都有星散的露天圓形劇場的遺迹，裏面曾經有過戲劇表演，所以馬可很可能曾經出席過，也受它們的影響。又或者，說不定他只是本能地這樣寫？儘管如此，亞里士多德只不過在分析已有的東西。在亞里士多德未曾發出如何編寫劇本的規則前，編劇的人早已寫好了劇本！「如何做某事」的理論，往往只是邏輯地分析別人已經完成了的工作而已。馬可這樣寫，可能只是因為這是一個自然的方法來講他的故事。但這**是否**最自然的方法？就如他現在的做法，以故事的**結尾**(揭示耶穌是誰)作為開始，這是否自然呢？這就如在寫偵探故事的時候，他還未敍述案情，就已把答案說了出來一樣。在正常情況下，這可能是一個愚蠢的做法，但我們要記得，馬可在複述關於耶穌許多的故事之前，他的「聽眾」可能已經聽過這些故事。在這情況之下，我們會很明白為何他在開始的時候，就告訴我們，他希望我們如何去聽他的故事，並且提醒我們一些他希望我們發現到的，值得注意的特色。這樣，當故事展開的時候，我們應該會看到一些線索的重要性，否則其意義就會被忽略了。

如果將馬可福音與一齣戲劇作類比的做法是合理的話，那麼這個開場白很明顯就是本書很重要的一部分了，而且它蘊含了對理解這故事的一些很重要的資料。所以讓我們的注意力轉向這卷書開頭的幾節。但是哪幾節呢？是否真的有幾節是獨立出來，似乎是屬於開場白，而非故事本身的呢？

要回答這個問題，我們需要考慮到，一個開場白應該有的內容是甚麼。有些時候，開場白是由其中一個角色陳述[6]出來，他可能有分參與演出；有時是由歌舞隊講出來，[7]他們繼續會在以後的場景表演中作出註釋。更有些時候，它是由一位神祇或女神祇陳述。[8]有時，開場白會以一個開始場景的形式表達出來，讓觀眾理解以下的情節。聖經中有另一卷書是最好的例子，它就是約伯記。當中一、二章形容將要臨到約伯的苦難，又向讀者(卻不是向約伯自己！)解釋為何他會被這麼多的苦難所襲擊。所提供給讀者的資料，往往是一份「故事發生到這裏」的簡歷。在那些日子，劇院沒有為觀眾提供程序表的資料，讓他們明白該戲劇。所以，作者有需要解釋，將會出現在舞台上的角色是誰，要擺設場景，並按需要顯示出時間和地點。因為這些解釋有一種超越性知識的優點，讀者可以擁有一些資料，是戲劇中的人物所不知的，例如：他們自己所不察覺的角色之間的關係、發生在遙遠地方的事、劇中人完全想像不到將來會發生的事，還有是一切可以在戲劇開始的時刻，與觀眾分享的東西。相對於那些故事的主人翁來説，旁觀者有一個優勢：他們明白所發生的事的意義，但當中的人物卻不明白。如是者，他們有這個特權，從一個極好的角度去看這些事件。

如果你參考釋經書，你會發現對於哪幾節經文才屬於馬可福音的起始段，是眾説紛紜的。有些學者認為它包括福音書的頭15節。[9]他們指出馬可開頭的用字是「耶穌基督**福音**的起頭」，而在15節，耶穌又來到加利利宣講神的福音。他們認為「福音」這個字出現了兩次，是一種首尾的呼應(*inclusio*)，把這15節的經文與其餘的敍述分別出來。這可能是對的，但是這兩次「福音」的引用，似乎又不是互相呼應的。它們標示出兩段經文的開始，多過是一段經文的開始和結尾。如果是這樣的話，那麼這故事的開始句應該是：耶穌來到加利利宣講神的福音。如果我們集中看這些開始經文的**內容**，而不是單看其結構，我們會發現1至13節是與故事其他部分分別出來的，因為最起碼這幾節所提供的資料是不尋常的，而所形容的事件又與14節所描述的先知形像十分不同。後者並非日常發生的事，但也並非完全是特殊的。既然有聲音從天上來，又有撒但和天使出現，肯定這是屬於超自然的範疇了。

無怪乎亞里士多德形容一齣戲劇的開場白為「起頭」，而且「耶穌福音的起頭」這些字眼，可能是顯示馬可有意在我們開始聽他的故事之前，給我們一個開場白，包含了一切他想與我們分享的資料。那麼，讓我們看看他在開場白中，為我們所挑選的料資——就是他給我們的鑰匙，讓我們能夠明白其後的故事。

他的介紹性字眼「神的兒子，耶穌基督福音的起頭」提醒我們，他將要跟我們所說的東西的重要性：這就是「福音」。按我們所知，馬可是第一位將今日我們稱為「福音書」的東西寫出來的人。在那個時候說他正在寫「一本福音書」是沒有意義的，因為那時還未有以此命名的文學形式。「福音」按字面意思是「好消息」，而在聖經裏面，它是指到某種特別的好消息。在七十士譯本（Septuagint，即舊約的希臘文譯本）裏面，「宣告好消息」這個動詞是指到宣佈神的救恩。所以馬可是準備要告訴我們一個好消息，是神給祂子民的救恩的故事。這故事也是關於耶穌基督或彌賽亞耶穌的，祂也是神的兒子。

馬可到底有否寫過「神的兒子」這個開首的片語，至今還存一點疑問。在我們一些最早期和最好的手稿裏面，都沒有這些字眼。所以我們暫時先不處理它，因為我們在往後幾行經文裏，會再見到它們出現。馬可肯定是要告訴我們，耶穌就是那位彌賽亞。在二十世紀的今天，這一點是很難令我們興奮的！我們差不多已把「基督」當為一個姓氏。按著定義來說，基督教是一個相信耶穌是基督或彌賽亞的信仰。當然，這福音是關於耶穌基督的，這是因為耶穌就是那位基督或彌賽亞，意即那位受膏者，所以接著的故事才是好消息。然而，我們已經知道一些東西，是大部分故事裏面的角色所不知道的，甚至是少數人能夠猜想得到的。如果我們要明白這個佈局，我們需要了解，我們是已經掌握了有利的資料。

關於耶穌基督福音的起頭，馬可第一件事要告訴我們的就是，它的發生是「正如先知以賽亞書上記著說」：

> 看哪，我要差遣我的使者在你前面，預備道路。
> 在曠野有人聲喊著說：
> 「預備主的道，修直他的路。」

如果你想明白這個好消息，那麼你必須要理解，它是應驗了偉大先知以賽亞在幾個世紀之前所預言的。

這個引用有三個有趣的地方。首先是馬可沒有正常地從經文中引用。事實上，作為一個講故事的人，在整卷書中，這是他惟一一次這樣做的地方。書中有幾個角色肯定曾經講過引用舊約經文的話，但從來沒有一處地方，他是站在一旁說：「正如經上記著說」的。在這方面，他與馬太極不相似，我們以後會再探討這點。所以即使是這個似乎是很實際的資料，都顯得不尋常了。這是理解這個故事的部分要點，這個洞見是參與在其中的人所分享不到的——對於將要發生的事，這是一個重要的線索。

第二個關於這個引用有趣的地方，是馬可引述經文時出了錯誤，只有一部分的引用是從以賽亞而來的，其餘的部分似乎是來自出埃及記和瑪拉基書的片語的混合。[10] 馬可惟一引用的經文，也弄錯了作者，可見他是一位不小心的作者！但我們不應該怪責他。今日我們很容易找到經文的出處，是因為我們很容易就從一本經文彙篇中查到一個引用，或者甚至只需按一個電腦鍵就可以了。但馬可卻沒有這個捷徑可用。翻查經卷是一件很費勁的事。事實上，當他寫的時候，也可能沒有相關的經卷放在面前。他很可能是憑記憶寫出來的。再者，馬可可能是因著偉大先知以賽亞很久以前的應許，現今得到應驗而感到特別興奮，所以將整段說話都當成是他說的。最重要的是，我們在以賽亞書中找到神應許將來要向祂的子民施行救恩。先知曾應許有一位使者會來，給那位將救恩帶給以色列的主預備道路。馬可要形容的場景是經文的應驗：經過多年來的盼望和等候，應許終於應驗了。

第三個有趣的事是，介紹這福音的引用語只是間接地提及耶穌。事實上，它是關於預備道路的使者。早在耶穌到達場景之前，經文已經應驗了。但正因為它的應驗，我們就知道那位在使者的人將會是主。

福音書作者離開了舞台，接著是施洗約翰走出來。場景位於曠野，約翰在宣講悔改的洗禮。請留意馬可表達這意念的方式是多麼古怪。我們可能會期望他說：約翰在曠野出現，替眾男女施行悔改的洗禮。反之，他卻說：約翰在曠野出現，**宣講**悔改的洗禮。馬可強調約翰正在宣講的事實，是有一個美好的原因的，這是因為以賽亞曾講及一個在曠野呼喊的聲音，而現在約翰出現了，也是在曠野呼喊。這個預言應驗了，我們也知道這位應許的使者就是約翰。約翰的打扮和食物的細節都確認了他的身分。雖然他穿駱駝毛的衣服，腰束皮帶，這並不表示他是第一世紀的避世者，這其實就是先知的服飾。所以當我們見到約翰走上舞台的一刻，我們就認出他是一位先知。更特別的是，如果我們認識我們的舊約，就知道他所穿的，正正就是列王紀下一章8節形容先知以利亞所穿的服飾。至於他的食物是蝗蟲和野蜜，這就是直接了當地告訴我們，他是一個住在曠野的人。往後在福音書中，耶穌告訴那三個門徒說，約翰其實就是在主的日子 (the Day of the Lord) 來到之前，大家期待著回來的先知以利亞。[11]這資料是馬可私底下給聽眾的，但我們這些觀眾，卻從開始就知道這個機密資料了。

如果約翰就是那位使者，那麼他的職責就正如以賽亞所說的：預備主的道路。所以他傳悔改的洗禮，呼召眾男女回轉，預備他的來臨。馬可形容約翰的使命是極之成功的。他告訴我們，**整個**猶太地區的人，都成羣結隊地到他那裏，連耶路撒冷的**每一個人**，都去到約旦河施洗，承認他們的罪。按著字面來解釋，這是一個萬人空巷的情景。馬可在這方面，似乎是有點賣弄戲劇的手法了。但他為甚麼要這樣做？他想指出的一點就是，這位使者已經完成了他宣講悔改的職責，所以為主預備了道路。

馬可記載約翰的說話，是很精簡和一針見血的。馬太和路加告訴我們很多關於約翰的宣講，但馬可只對約翰作為使者的角色感興趣。請留意他對約翰的教導的總結，如何將我們的注意力集中在那位接著他來的人。約翰三次強調那將要來的人，是遠遠比他自己更偉大的。首先，他宣稱：「有一位在我以後來的，能力比我更大。」在這裏，我猜想你和我都會期望他會說「更偉大」，為甚麼要說「能力更大」呢？在戲劇發展下去的時候，我們會發現耶穌重複地運用能力，特別是勝過魔鬼的能力。在馬可福音三章，我們聽到祂用比喻說話，又形容撒但像一位強壯者，被一位更強壯的人所搶奪。很明顯祂是指到祂自己的。在五章中，馬可提到一個被很多鬼附身的瘋子的故事。他有一整個兵團的力量，但耶穌是惟一可以把他馴服下來的人。你和我都知道約翰的話，是應用在耶穌身上的，也明白箇中的原因，但故事中的人物對所發生的事都非常驚訝。

那將要來的比約翰有更高的地位。他說：「我就是彎腰給他解鞋帶也是不配的。」這表達實在是鋒利無比。幫別人脱鞋是奴隸做的卑賤工作，卑賤到一個地步沒有一個猶太人肯為別人這樣做。但約翰認為自己也不配這樣服事他的後繼者。馬可已經告訴我們，約翰沒有為別人預備道路，只是為主預備道路。如是者，我們就明白他謙卑的原因，是因為在舊約裏面，「主」是神自己的稱呼。

第三，約翰將自己的角色與他的後繼者作一比較。他是用水施洗，而後繼者是用靈施洗。約翰的洗禮是預備性的，是悔改的洗禮，但耶穌的洗禮卻是帶著神能力的洗禮——是一個既拆毀，也創造；既清洗，也更新的能力。約翰的洗禮是一個戲劇性的行動，前瞻性地指向耶穌將要做的事。所以，無怪乎耶穌其後在福音書中，將祂自己的工作與約翰的工作連起來。在十一章27至33節，當祂被問及祂的權柄的來源時，祂將這挑戰拋回給發問者：「約翰的權柄是從天上來的，是從人間來的呢？」它的含義是很清晰的：如果約翰的權柄是出於神的話，那麼明顯地，祂的權柄也是從同一個源頭來的，因為約翰所作的事，已經説明了耶穌自己所作的事的意義。[12]

所以，馬可告訴我們關於約翰的每一件事，都是把我們的注意力，引導到接著他來的一位身上。事實上，約翰無非是一個活生生的路標，站在約旦河邊，指著在舞台下的另一位。所以，當9節説到耶穌到達約旦接受施洗的時候，我們就知道這必然是約翰所説的那一位。祂就是主，祂的來臨就是以賽亞所預言的。馬可在宣稱甚麼呢？我們很難確定，他是把耶穌**等同**於神。這點我們很快會再探討。但肯定的是，他聲稱耶穌的來臨，就是神自己帶著救恩與審判來臨。

奇怪的是，約翰並不認識祂。在馬可的記載裏面，當耶穌來到找他施洗的時候，卻完全沒有顯出約翰知道耶穌是誰。他只不過是路標，別無其他。他並不知道**我們**所知道的。但如果我們懷疑耶穌是否我們期待中的那一位的話，那麼就有憑據從天上來了。「他從水裏一上來，就看見天裂開了，聖靈彷彿鴿子，降在他身上。又有聲音從天上來，説：『你是我的愛子，我喜悅你。』」

在馬可的戲劇往後的場景中，所有將會問及所有關於耶穌是誰的問題，而且也將會提供各種答案。有一點是可以確定的：從天上來的聲音必然是正確的答案！在這最起始的地方，已經有人告訴我們耶穌是誰了。但這些字句是甚麼意思呢？歷世歷代的基督徒傳統已習慣性地假設，耶穌被稱為「神的兒子」，是指到祂的神聖(divinity)而說的。然而，我十分懷疑，到底馬可是否明白何謂「神性」。他肯定從來沒有用過這兩個字。「神聖」是一個抽象、哲學性的字眼，這並非馬可所用的一種字眼，更非他講這故事時所需要的。「兒子」這個字是指到某種的關係，但不一定是肉身上的關係。在舊約時代，以色列民族與她的王都同被稱為「神的兒子」，因為他們與神有一種特別的關係。「兒子」也可以用來指到，一個人跟隨另一個人的腳蹤。例如保羅形容基督徒為「亞伯拉罕的兒子」，因為他們分享了亞伯拉罕的信心。所以當別人告訴我們，耶穌是神的兒子的時候，我們就知道祂是像神一樣，而且分享了神的特質與權柄。我們還可能曾經聽過祂扮演君王的角色，甚至是以色列民的角色。在公元後一世紀，這種特別的關係，肯定傳遞了一個概念，那就是：兒子必須要順服他的父親。神十分喜悅耶穌，因此我們知道祂其實是很順服神的。

根據馬可的記載，這把聲音是對耶穌說的，而且並沒有顯示有任何其他的人聽到這聲音。它告訴我們，**耶穌**看見天裂開了，聖靈仿佛鴿子，降在祂身上。很明顯，沒有其他人看見這情景，也沒有人知道，但我們這些觀看著馬可講故事的人，就見到聖靈降臨，也聽到這聲音在說話。**我們**知道一些故事中其他人不知道，而只有耶穌才知道的東西：就是祂在將來所說所行的一切，都是憑著神的能力和權柄做的。

然而，神的靈有其特別的工作方式，因為在下一個場景中，是聖靈驅使耶穌出到曠野，受撒但的試煉和試探。我們對當中所發生的事所知甚少，只知道耶穌在曠野四十天，受撒但的試探，並與野獸同在一處，且有天使來伺候祂。馬太與路加單從這個故事中，就發展出一齣小型戲劇。他們告訴我們，撒但三次引誘耶穌；他們告訴我們，在每個場合，撒但向耶穌說了甚麼話，耶穌又怎樣回應。最後，他們以撒但放棄離開為故事的結尾。馬可沒有告訴我們那些試探是甚麼，更奇怪的是，他甚至也不告訴我們結果是甚麼！我們假設耶穌抵擋了試探，但馬可沒有想到有需要說出來。

今日**我們**讀福音書的時候，常常會陷入的其中一個試探，就是將所有的記載編織在一起，將所有福音書的詳情拼湊在一起，成為一個大故事。如是者，我們忽略了每位福音書作者的獨特信息。如果我們要明白馬可的故事，我們需要忘記馬太和路加關於試探的記載，而單單將注意力集中於馬可福音。

第一件事我們要留意的，這個場景是在曠野：「聖靈就把耶穌催到曠野裏去」。事實上，這場景在整個引言部分都沒有改變過。馬可開頭引述的經文，關乎將會發生在曠野的事。然後，施洗約翰在曠野出現。又由於是耶穌來找約翰，祂的洗禮必然也是在曠野進行。任何見過約旦河的人都知道，雖然這條河流經富庶的國家，但曠野就在兩旁的附近。但現在聖靈卻驅使耶穌回到曠野。對馬可的第一批聽眾來說，所有談及曠野的字句，都有獨特的意義。因為在猶太人的思想中，曠野是一個特別的地方。神第一次向祂的子民顯現的地方，就是在這裏的西乃山。而且在出埃及記，當神從埃及地拯救祂的子民出來的時候，祂也曾帶領他們平安地經過曠野，進入應許之地。因此，曠野與神的自我啟示和拯救的觀念是相連的。他們甚至傾向於回望過去在曠野的日子，視之為黃金時期。所以，先知們都自然地期待著在曠野有新的經歷，神會再次啟示自己，和拯救祂的百姓。這新的經歷，正是以賽亞所應許的，也是馬可認為，是已經發生了的事。然而，曠野當然也是貧瘠之地，是以色列人曾經叛逆和埋怨的地方。當他們走過曠野地的時候，民眾甚至開始想到，他們在埃及地為奴的生活是更加愉快！後來的世代，在回顧過去的時候，都說他們的民族以前在試探中，或是在試煉中失敗了，也認為這是以色列民要在曠野漂流四十年之久的原因，直至他們學習懂得順服神，聽祂的聲音。

我們曾說，在古代的世界中，人們會期望兒子順服父親。但先知其中的一個投訴就是：雖然神已經把以色列人當作兒子看待，這民族還是持續地反叛祂，不單在曠野，而且是在整個歷史中。神曾呼召以色列民作祂自己特別的子民，但他們卻拒絕尊敬和順服祂。現在我們或者可以知道在馬可福音中，那幕關於試探的簡單場景的意義。因為耶穌也曾被神呼召；被稱為神的兒子，也在曠野被試探或試煉。當然他不像以色列人花了四十年的光陰，而是四十日。可能這個數目字，是要在我們的腦海裏敲鐘，提醒我們以色列人在曠野四十年的日子。

我們想知道那個試探是甚麼嗎？馬太和路加嘗試回答這個問題，但馬可對這個沒有興趣。試探的結果是甚麼？耶穌有抵擋嗎？肯定馬可對這些問題是有興趣的，但他嫌告訴我們是太囉唆！可能他認為這個答案是明顯的：當撒但與裏面有聖靈工作的人對抗時，這人肯定會得勝。如果我們思想第三章的情景，耶穌形容祂的趕鬼工作，是搶奪撒但這個壯士所帶來的破壞。我們將會見到祂宣稱，祂已經捆綁了撒但，而且是靠著聖靈的能力做的。馬可似乎想到耶穌與撒但之間的對峙不單只是一個試探，也是一場戰爭，一場是耶穌得勝的戰爭。可能這是他提及野獸(魔鬼能力的象徵)和天使在爭鬥中支持耶穌的原因。

我們已經來到馬可的開場白的結尾。戲劇本身是從14節開始。耶穌來到加利利宣講神的國度，但沒有人知道祂是誰！無人顯出祂知道任何我們所知道的事。讓我們稍為停下來，思想我們到此為止所學到的東西。我們知道，我們準備要聽的故事是以色列人一直在等候的好消息，耶穌是那位在舊約中宣佈要來的那一位。祂要為以色列帶來救恩；我們知道祂和神之間有一個獨特的關係，祂享受恩寵，神的靈也在祂裏面工作。我們知道祂是神的彌賽亞(那位受膏者)、神的兒子和主。我們透過短短十三節經文裏學到這一切了！

這些資料已經透過幾個途徑給我們。首先，馬可自己告訴我們，關於耶穌基督的好消息，並且引用了舊約。在整本福音書中，馬可沒有在其他地方引用舊約，來為他的故事作註釋的。然後，我們聽到施洗約翰宣講洗禮，又告訴我們一切關於那跟著他來的一位。沒有任何人在福音書的其他部分提供這類資料。接著是耶穌受洗，他看見神的靈降臨在他身上，又聽到從天上來的聲音。在馬可福音中，還有另一處地方是聽到有聲音從天上來的，就是登山變像(transfiguration)。[13]但從天上來的聲音並非日常發生的事，而且我們肯定不會再見到聖靈。在施洗約翰、耶穌受洗及受試探這頭三個簡單的場景中，有一件實在是有趣的事，就是在所有的場景中，都有提及聖靈，而在福音書的其他部分是甚少提到聖靈的。至於在最後的一個場景中，耶穌在天使和野獸面前，與撒但對抗。雖然撒但在其他地方也有提及，但這是惟一一次以人的形像出現在舞台前，而天使和野獸是「外加的」，在以後的場景中，肯定不需要它們了。

在開場白中所發生的事，沒有在其他地方發生；所出現的人物，沒有再出現；所講出來的真理，沒有在其他地方解釋。惟有到了馬可故事的**結尾**時，耶穌才被公開的宣稱為彌賽亞——在釘十字架的控罪中。惟有在那個時刻，祂被承認是神的兒子——從處決祂的百夫長口中。

耶穌在祂死的時刻，將會被承認是神的兒子，而現在在這受洗的一刻，神聖的聲音已稱祂為兒子。馬可是否期望他的讀者，能從這個對比中，看到更深一層的意義呢？他們是否已經認識保羅的教導：信徒是受洗歸入基督的死呢？[14]保羅已經假設羅馬的讀者對這些教導，是十分熟悉的。如果是的話，那麼提到耶穌的洗禮，可能就足以令他們更進一步想到祂的死了。事實上，稍後在福音書中，我們見到耶穌用「洗禮」這個字眼，説到祂自己的受苦和死亡。[15]所以，當馬可的讀者聽到這個故事兩、三次之後，他們肯定會把兩者連繫起來。馬可不單給我們關於耶穌的資料，而且也向我們提示了故事的結局。

試想像一下，你在馬可的戲劇上演時遲到了，或者是從一章14節開始讀他的福音書；試想像一下，你對他的故事的意義一無所知。你可能發覺自己也站在劇中角色的位置。他們聽到耶穌的教訓，也對所聽到的感到驚訝；他們看見耶穌行醫治的神蹟，對祂的權柄感到驚恐；他們觀看祂趕鬼，對祂到底是靠神還是撒但的能力感到困惑；他們問自己「這人到底是誰」，但卻不知道答案。而你和我知道這答案，你和我在故事的最起頭，就有這個權利去認識關於耶穌的真相。馬可給我們這把鑰匙，讓我們能明白福音書的其餘部分。當他講故事的時候，他不時在提醒他的觀眾，說：「你明白嗎？你知道為何這事會發生嗎？」就如希臘的歌舞隊在戲劇的過程中解釋所發生的事，馬可最少也必須要保證，我們明白他所呈現出來的故事，是關於神的兒子的好消息，神的靈在祂裏面工作。嘗試自己讀他的故事吧，看看這開始的經文如何成為一把打開這福音的鑰匙。

註釋

1. Aristotle, *Poetics* 10～11, 18.
2. Aristotle, *Poetics* 12.
3. Aristotle, *Rhetoric* III.14.
4. 可八27～30。
5. 對馬可福音作為一個戲劇的概念的，其討論見於M. D. Hooker, 'The Beginning of the Gospel' 中引述的文章。
6. 例如：Euripides的*Medea*中的護士及在他的*Electra*中的農夫。
7. 例如：在Aeschylus的*The Persians*中的波斯長者們的合唱團
8. 見Euripides的*Hippolytus*，其開頭的字句是Aphrodite說的，及在*Ion*中，這些字句是出自Hermes的口。
9. 可見於：例如是Keck, 'The Introduction to Mark's Gospel'，NRSV的翻譯者也跟從了這個提議，在15節後留一個間隔。
10. 出二十三20；瑪三1；賽四十3。
11. 可九13。
12. 見M. D. Hooker, *The Signs of a Prophet*（SCM Press and Trinity Press

International, 1997), 9～13, 24～31。

13. 可九7。

14. 羅六3。

15. 可十38。

第二章

先知性的鑰匙(太一～二章)

我們所稱為開始的，往往就是結束；作一個結束其實就是作一個開始。

——艾略特，〈小吉丁〉之五，《四首四重奏》

如果聽馬可的故事，令我們聯想到自己是身處於戲劇院的話，那麼轉向馬太，就會令我們感覺自己重回到校園。他的福音書的篇幅比馬可的長得多，讀起來更像一本經過仔細編排的教科書，而不像一齣戲劇。讀馬可福音的時候，你會有一種感覺，就是從一件事件急忙地趕到另一件事，就像愛麗斯被那紅心皇后拉著，走得愈來愈快。馬可其中一個最喜歡用的字眼就是「立即」，他似乎很難在場景與場景之間暫停一下，讓人有喘息的時間。但馬太講故事的節奏卻慢得多。他細心的編排，將材料組合成方塊。這裏是一塊的教導，那裏是一系列的神蹟。無怪乎很多人認為馬太是一位拉比，即是猶太人的教師。他想人了解他的信息，所以很細心地整理他的證據，以保證我們能掌握重點。

雖然馬太給人的「感覺」，與馬可的十分不同，但他也是在寫一本「福音書」。他的書所包含的材料與馬可福音很多是一樣的，而且有很多相同的故事。馬太故事的高潮，也像馬可的一樣，就是耶穌在耶路撒冷的死亡和復活。如果我們將這兩本福音書用兩欄平排的方式列出來，我們會發現它們的類同近似到一個地步，就像馬太似乎是用馬可福音作為他的福音的架構，又或者馬可是撮寫了馬太福音。那麼，為何這兩卷福音書是那麼不同呢？

其中一個最大的差異，是馬太選擇以一個完全不同的方式作他的故事的**開始**。他到了三章，才接續馬可所講的故事，但即使在那兒，他處理的手法也是十分不同的。在前頭兩章，他是用自己的方式寫的。他選擇寫他自己的引言，是讓我們能夠擁有**他**的鑰匙去閱讀這卷福音書。雖然大部分在引言中的資料，都響應了馬可所告訴我們的，但他卻選擇了用他自己的方式去提供這些資料。

事實上有很多釋經家都爭議說，馬太的引言實在是及於四章11節。根據這個觀點，從天上來的宣言說，耶穌是神的兒子，就把一、二章所提供的資料帶進了高潮。[1]無疑，三章1節至四章11節包含了很多「特權」的資料。然而，我們要問的問題是：為何馬太要將約翰的宣講、耶穌的洗禮和試探，包括在他的福音書中呢？答案肯定不是「因為他的開場白**需要**這些」，而是「因為他認為，這幾段是馬可的故事裏面一些很重要的元素」。這幾段經文出現在一、二章之後，其影響力肯定不及在馬可福音中那麼大。要知道馬太是否希望我們視這些經文為他引言的一部分，將注意力集中在他所加上去的材料，是最好不過的了。

馬太可能是一位教師，但我有時會懷疑他是否一位**好**教師。當然，我不認為起頭二十三節的經文，是吸引人注意的最好方式！他以耶穌的家族樹作為開始，可能是一個十分合邏輯的開始，但當一個人聆聽「某人生某人」的句子，聽了四十二遍後，他的興趣開始減退，也是情有可原的。馬太直接從被認為是民族之父的亞伯拉罕開始，沿著家譜線，一直追溯至大衛王，然後到馬利亞的丈夫約瑟。其目的是要指出，耶穌的血統是最恰當不過的了。祂是列祖的後裔，也有皇室血統。馬太把這條冗長的名單，整齊地分成三部分：從亞伯拉罕到大衛，他說有十四代；從大衛到被擄放逐到巴比倫的時期有十四代；而從被擄時期到彌賽亞耶穌，也有十四代。這個安排不單是由於馬太精密的頭腦，將東西分類成精確整齊的部分。大衛王是皇室血統的建立者，是以色列歷史中一個很重要的人物，與亞伯拉罕同等重要。大衛的子孫是以色列的王。這情況一直維持到耶哥尼雅被擄到巴比倫被囚為止。這是另一個重要的轉折點：因為從此以後，大衛的子孫不再作王統治了。現在，從亞伯拉罕過了十四代到大衛；從大衛過了十四代到被擄時期；從被擄時期過了十四代到現在，我們有耶穌。十四這個數字也是重要的。我們可能以為這只是因為十四等於二乘七，而七是一個神聖的數字。但更加重要的一個事實是，希伯來字母是可以用來代表數字的，所以每個字母都有一個數字上的意思。如果我們將大衛的希伯來文字母DWD加起來的話，我們會得到十四，而大衛在這家譜中，是一個主要的人物。所以我們從亞伯拉罕到大衛有十四代，大衛王朝也有十四代，再過十四代之後出現耶穌。很明顯耶穌必然是那位命定要作大衛的承繼者，坐在以色列的王位上的。

你們當中可能有人明白，追溯家族樹並非一件易事。要追溯四十二代更非尋常。所以，我們發現馬太的清單，與路加或在舊約中所提供的同類清單有點不一致，這也不足為怪。馬太在王的名單中，似乎遺漏了一、兩個名字。但這個不要緊，因為他只是利用這個傳統來表達他的論點。

對我們而言，這個家譜有一個很嚴重的問題。每一條線都是完全平行的——某人生某人——直到最後一條線，好像打了一個大嗝。「雅各生約瑟，就是馬利亞的丈夫。那稱為基督的耶穌，是從馬利亞生的。」在往後的故事中，馬太顯然**不**相信約瑟生了耶穌。既然這人按肉身來說，並不屬於這個家族，那麼，為何馬太要這麼費勁地去追溯祂的家族樹呢？答案就是，約瑟娶了馬利亞為妻，以致他是耶穌**合法的**父親。我們可能會認為，相信耶穌皇族後裔的身分，與相信祂是童貞女懷孕而生，兩者是互相抵觸的。但馬太明顯沒有這個困擾。重要的是，他是**合法的**子孫，這對他的論據來說已經足夠。

這個清單還有一些挑起人好奇心的東西。馬太透過人的家族線去追溯，是一點不奇怪的。因為他是在追溯合法的子孫。他對女性沒有興趣，只有五位是例外地被提及的：他瑪、喇合、路得、拔示巴及馬利亞。馬利亞是一定不能遺漏的，但為甚麼要有其他四位呢？如果這清單中要包括女性的話，為何他不提及其他著名的妻子，好像撒拉和利百加等婦女呢？當然，有些名字是可能會被遺忘的，但不會是她們。最近出版的「包括版」新約聖經[2]的編輯，就決定按這樣的方式處理馬太福音：為了平等的緣故，他們將清單中男性的太太的名字，只要是編輯知道的，都包括在清單內。這顯示在翻譯的時候，擅自改動經文，是多麼的危險，因為編輯們這樣做，是完全忽略了馬太的原意。我們需要做的不是要憤慨地投訴，他幾乎忽略了所有女人，而是要問**為何**他只選擇提及這幾位？她們有共通點嗎？這個問題有不同的答案，但最有可能的解釋是：每一個個案都在結合方面有些不尋常——有一些會引致醜聞的事件。他瑪假扮妓女引誘她的公公；[3]喇合是一個妓女；[4]拔示巴與大衛行淫。[5]有美德的路德第一眼看來，似乎是與別不同的一個，但即使是她，也曾冒著醜聞的危險，以性向波亞斯求愛，企圖說服波亞斯要負責任去娶她。再者，她身為外邦人的這個事實，會容易在某些猶太人中間引起流言蜚語。[6]而馬利亞就當然是未與約瑟結婚，便被發現懷了孕。這是否是這些特別的女性被提及的原因？是否這些古時的通姦醜聞，可以作為耶穌降生的可疑處境作先例？在古時，即使在有合理理由去懷疑的情況下，神仍然動工，使彌賽亞血統可以透過這些女人被保存下來。馬太似乎在說，彌賽亞自己的降生會引發一些問題，又有甚麼奇怪呢？但**如果**在古時，神在這些特別處境中動工，那麼，我們可以肯定祂在耶穌降生的事情上，也在動工。

馬太以一個介紹性的標題開始他的書。若按字面翻譯，就是「亞伯拉罕的後裔，大衛的子孫，耶穌基督來源的書」，有些學者認為它是整卷書的標題，但它作為頭十節的總結，似乎是更加貼切。在創世記五章1節，「來源的書」(the book of the origin) 這個片語，是用來帶出亞伯拉罕後裔，直至挪亞的清單。換句話說，這個片語的意思是「家譜」。當然這也是馬太提供給我們的。這個標題把家譜的重點都總結起來：它是追溯耶穌作為彌賽亞、亞伯拉罕的後裔、大衛的子孫的合法血源。

但「來源」也是一個重要的字眼。在希臘文中，這個字是**起始** (*gensis*)，它的意思可以是「源頭」和「開始」。我們用它作為聖經的第一卷書的名字。這卷書是聖經的起頭，也是時間開始時所發生的故事。馬可以「起頭」這個字來開始他的福音。雖然他用的是另一個希臘字*archē*。是否兩位傳道者都各自用不同的方式，嘗試告訴我們耶穌故事的起始是神故意的安排？馬太透過追溯耶穌的血源，直到亞伯拉罕，是告訴我們從民族起源最開始的時候，耶穌已是神計劃中的一部分。

從一章18節開始，馬太從家譜形式轉為故事形式。我們這些現代的讀者，從一系列令我們厭煩不想讀的名字，轉移到一些熟悉的字眼，就像讀聖誕故事的開頭一般。通常我們最起碼會將這段的頭一行，翻譯成這樣：「彌賽亞耶穌的出生是這樣的……」其實馬太在這裏再一次用「起始」(*genesis*) 這個字——「彌賽亞耶穌的**起始**……」。一些後期的文士明顯以為這是一個錯誤，便用另一個很相似的字眼取代，意思是更明確指到「出生」。所以，馬太選擇用這個特別的字眼**起始**，是否有一個特別的原因呢？是否因為它有一個更闊的含義呢？他是否正在思想耶穌的「開始」和「來源」呢？

這問題的答案當然是肯定的，因為如果我們讀下一段，即一章18節至25節，我們會看到這一段，**不是**關於耶穌的降生，而是馬利亞與約瑟結婚之前就懷孕的事情。在二章，即使在祂的出生故事還未開始之前，作者已交代祂的**受孕**，是聖靈的作為了。那時，作者很清楚交代耶穌的「起源」或「開始」，而不是其出生。馬太將兩個對我們似乎是互相衝突的觀念放在一起。祂一方面是出身於皇族血統(透過約瑟)；另一方面，祂是透過聖靈感孕而生的。兩方面都告訴我們關於耶穌的「來源」。[7]

因為我們已經知道耶穌的身分證明，一切都解釋得很清楚。正如在馬可福音開頭幾節裏面，我們作為觀眾的人，是認識故事當中重要的人物的。事實上，我們較故事中的人物知道得更多。作者向我們重申，耶穌就是彌賽亞。祂的父母還未結婚以前，馬利亞已經**藉聖靈**而懷了孕，這就是那明顯的醜聞事件，引起了對耶穌身世的懷疑。然而，現在天使在夢中把真相告知約瑟。在頭兩章經文裏，天使習慣性地出現在夢中。當然我們知道天使是神的使者，我們可以信任他們的話。約瑟確切知道聖靈的創造能力在馬利亞身上運行。他們要為孩子取名叫「耶穌」，因為祂要拯救祂的百姓脫離他們的罪。

名字是有含義的。除了當我們喊著難以為初生嬰兒取名的時候，今天我們甚少想到名字的含義。在猶太人當中，名字的含義尤其重要。「耶穌」或「約書亞」這個名字的希伯來文意思是「神拯救」。對約書亞來說，這是個貼切的名字，因為他帶領以色列人進入應許之地。對耶穌來說，這也是貼切的名字。但這名字本身沒有告訴我們神**如何**拯救，拯救**到**甚麼地步，或者是**從**甚麼拯救出來。馬太解釋說，耶穌將要拯救祂的百姓脫離他們的罪，是不足為怪的。因為這是他的福音書往後所要帶出的其中一個主題。在這裏，從最開始的時候，馬太認為這個名字是重要的，他也解釋對這個名字所理解的意義。

接著下來，是馬太福音更加典型的句式。他說：「這一切的事成就，是要應驗主藉先知所說的話」，這是一條馬太重複使用的公式，特別是在這頭兩章。你會記得，馬可在他的起始段落的最開頭，給我們一個介紹性的「自證經文」(proof-text)，然後才開始他的故事。相對地，馬太卻在應驗先知預言的主題上出發，保證我們能夠明白耶穌的所是、所行及所說，是正在應驗舊約聖經的。

他認為在這裏得到應驗的經文，是舊約其中一段最熟悉的經文：「必有童女懷孕生子，給他起名叫以馬內利。」[8]可能你會覺得，這段經文並非最能支持馬太曾經告訴我們的論點。約瑟得到的指示，是為孩子取名叫「耶穌」，而非「以馬內利」！在字面的層面來說，這段自證經文並非那麼有效，但從整體所發生的事件來作判斷，這段經文是十分適合的。馬太解釋，「以馬內利」這個字的意思是「神與我們同在」。他準備要告訴我們的故事，是神透過耶穌拯救祂子民的故事。快要出生的孩子，**將要**被稱為「以馬內利」，意思是人們在日後可以說，神透過耶穌與我們同在。

然而，這段特別的自證經文還有另一個問題。基督徒很長時間視它為「彌賽亞」的預言，並且認為以賽亞是期待著耶穌的降生。其實學者現在相信，以賽亞是向他那世代的人說一個盼望的信息，[9]給他們一個兆頭，知道神會拯救他們。當時，耶路撒冷正被敵軍圍困。以賽亞說，有一位年青婦人快要生孩子，他將會是一個男孩，並且她會為他取名**以馬內利**，即「神與我們同在」，以作為一個盼望的兆頭。在孩子斷奶之前，敵軍將會被摧毀，耶路撒冷會得救。所以，以賽亞的信息，原先不是關於一些將會在七至八個世紀以後發生的事，而且用來鼓勵他當代的人。當希伯來聖經翻譯成希臘文時，「年青婦人」這個希伯來字，卻被翻譯成希臘名詞*parthenos*，意即「一位童貞女」。馬太忽略它原先的處境，把這節經文作為將來的應許，他便能夠把它作為耶穌降生的預言來理解。他實際上是重新處理這段原文，把它應用在新的處境上。

這種處理舊約經文的方式令學者吃驚，因為我們所受的訓練，教導我們要尊重原文，留意它的處境，要問它原本的意思是甚麼，而非別人認為它是甚麼意思。當經文被強行抽離了它本來的處境，以新的方式被應用時，我們是傾向於側目而視的。但馬太處理這段特別的經文的手法，是一些屬靈的男女、猶太人和基督徒、一些詩人和畫家等空想者處理經文的常用手法。他們從中發現到新的意義，理解它與不同處境的相關性。再者，這情況並非只發生於聖經的經文，其他的文稿也常常被放在新的背境中。例如，有一首名叫「到達提派累立的長路上」(It's a Long Way to Tipperary) 的歌，它本來是一首浪漫情歌。歌手是一位寂寞的倫敦愛爾蘭人，思念著愛爾蘭的家鄉。在第一次世界大戰時，軍人們取用了這首歌。我們大部分人都會聯想到戰壕裏的男人，在愛爾蘭以外的各個地方，期待著歸家。[10]聖經曾經被不停地重新處理，我們見到新約是一個主要的重新處理程式，基督徒從舊的經文中發現新的意義。如果我們要讓經文在我們所身處的環境中，向我們説話，從這個意義來説，我們是必須要這樣處理這些經文的。這裏有一個很重要的神學原則：你一方面可以把以賽亞的説話當成是指著一件事件而已，不管它是説到耶路撒冷在公元前七三三年的命運，還是説到耶穌的降生；你另一方面也可以説，在以賽亞的字句的背後是一個信念：神是那位一次又一次地拯救祂子民的神，並且在整個歷史過程中與他們同在。[11]馬太聲稱耶穌的降生正是這樣。

到了二章，耶穌出生了。有博士 (*magi*) 從東方來到耶路撒冷，尋找一位將會作猶太人君王的孩子。這些博士是在某方面有智慧的人，他們有可能是天文學家，因為他們會觀察星象。他們有點天真，並沒有隱藏他們來的原因。這件事驚動了希律王，使他覺得自己的王位受到威脅。他諮詢猶太的學者，知道彌賽亞會生於伯利恆。為了證實這件事，他們將彌迦書上的經文指給他看：

伯利恆、以法他啊，你在猶大諸城中為小，

將來必有一位從你那裏出來，
在以色列中為我作掌權的；
牧養我的民以色列。[12]

所以希律差博士到伯利恆，命令他們在找到孩子的時候要通知他。他們就跟隨著星星，出發到伯利恆。到達目的地以後，星星停留在正確的房子前，幾位智者恰當地敬拜那小孩，獻上他們的禮物。其實這也是應驗了舊約聖經，雖然馬太沒有明顯的這樣說。以賽亞書六十章3節形容人們會來到耶路撒冷敬拜神，提及到「萬國要來就你的光，君王要來就你發現的光輝」。繼而又提及以黃金和沒藥作為禮物。我們會以為馬太忽略了一個技巧，沒有提醒我們先知所說的話，但我們見到他在裏面，婉轉地提及有關的經文，而非真正的引用它。智者在呈獻完禮物後，在夢中得到警戒，不要回到希律那裏，就從另一條路出發回家了。

我必須要說，這個故事聽來似乎不太可能。為何這些東方的博士對猶大這個微小而不重要的國家的新生王，這般有興趣呢？他們跟隨的星星又是甚麼呢？（它有可能是一顆彗星嗎？）很多人嘗試作出鑑定，但星星肯定不會這樣的。即使星星真的這樣，但這一顆星星又為何會帶領博士到耶路撒冷，而不直接到伯利恆呢？這樣繞道到耶路撒冷，讓馬太可以方便地帶出另一段的引用經文，宣告彌賽亞要在伯利恆降生。而且由於耶穌後來是被發現在伯利恆，對我們來說，這是另一個保證，祂就是猶太人應許的王。博士先來到耶路撒冷，也是對希律起一個警示的作用。這事帶出了悲劇性的後果，因為當他發現他被拜訪者欺騙後，他差他的軍隊去殺死伯利恒一帶所有的幼兒。因此便應驗了耶利米的預言，關於拉結為她的兒女哭泣。[13]馬太的故事引起了一個尖鋭的神學問題。讀者必然覺得，無論星星的來源是多麼神聖，它先帶領智者們到耶路撒冷是錯誤的，因為這引發了無辜人被屠殺的後果。耶穌與祂的父母逃脱了這次屠殺。然而，天使在夢中提醒他們要逃到埃及。這次逃亡不單救了孩子的命，也讓另一個預言得到應驗：「我從埃及領出我的兒子來。」我們再一次見到經文被重新處理：何西阿的説話，本是指到在出埃及記中，神從埃及地拯救以色列國出來。[14]但現在這些説話，是用在被稱為神兒子的耶穌身上。然而，希律死了以後，約瑟才有另一個的夢，天使在夢中告訴他可以安全回去。然後又在另一個夢中，他得到指示，要離開希律的兒子所管轄的猶太地，將耶穌帶到加利利的拿撒勒城。馬太總結説，透過先知所説的話：「他要被稱為拿撒勒人」的預言，已經應驗了。

我不知道這章聖經有多少是根據「實際發生了的事件」，我也不可能知道。我們不知道馬太所用的材料來自何處。探討歷史性的問題不能帶我們去得更遠。我們有足夠的理由相信，他的故事很多是根據傳説，而非根據歷史。然而，我們很幸運地不必關心這類問題，我們關心的是神學問題。我們需要問的是：馬太在這裏嘗試要向我們介紹耶穌的哪一方面？他嘗試給我們哪一類的資料？

首先，最明顯的答案就是，他要嘗試給我們一個深刻的印象，就是：與耶穌降生有關的每一件事，都是聖經的應驗。例如是：耶穌的出生地、逃亡到埃及、祂在拿撒勒長大，全都是聖經中的預告。最耐人尋味的是，在這幾個事件中，有三次提到拿撒勒，從沒有人能夠追溯到馬太所引用的經句是出自何處！可能他的舊約版本與我們用的有點不一樣，也可能是當他從記憶中寫出來的時候，不小心引用錯了。然而，我們可以掌握到馬太的論點：圍繞著耶穌降生的每件事，全都是聖經的應驗。正因這樣，這些事件亦是成全了神的計劃。我們見到天使在故事中經常出現，保證耶穌從任何的危難裏得救，以致這個計劃能夠成就。

即使屠殺無辜者的事件，也是聖經的應驗。但是我們會問，屠殺怎會是神計劃的一部分呢？為何會企圖做在耶穌身上呢？馬太在這裏，同樣也是利用這些故事，帶出一個神學的論點。為甚麼有人要殺耶穌呢？本來祂的降生是一件值得喜樂的事，為何祂的降生會帶來這樣的苦難？馬太已向我們指出，耶穌是大衞的子孫，所以祂作猶太人的王是合宜的。但這些場景，令我們想起另一位在我們腦海裏有清晰印象的人物——摩西。希律並非歷史第一位有謀殺行為的暴君。在出埃及記，我們讀到埃及的法老王，如何定意要殺死所有的以色列幼小男嬰。根據猶太人的傳統說法，原因是有人告誡法老，將會有一位未來的猶太人拯救者出生。[15]於是，法老王下令要淹死所有剛出生的男嬰。然而，他要阻擋神在祂子民當中成全計劃，其努力當然是失敗的。因為神在夢中告訴摩西的父親，孩子出生之後，就被收藏起來，後來被法老自己的女兒救了。

這個故事與耶穌的故事之間的類比是很明顯的，但並非完全一樣。兩者都有一位惡毒的王，企圖要傷害他們的生命；其結局是有很多無辜的小孩因此而死亡。兩者都有神的干預，使這兩個孩子的命得到拯救。耶穌也像摩西一樣，早年在埃及生活。他們都要從家鄉逃出來，等到惡毒的暴君死了以後才回去。這樣的類比並非偶然，從某種意義來說，耶穌降生的故事，重複了摩西的故事。為甚麼呢？答案就是，馬太希望我們知道，耶穌不單是大衛的兒子，亦即是大衛的彌賽亞，而且也是一位新的摩西。耶穌要拯救祂的百姓，就好像摩西拯救他的百姓脫離埃及的奴役一樣。祂被稱為耶穌，因為祂要將百姓從他們的罪中拯救出來。這名字是雙重適切的，因為在摩西之後，帶領以色列人進入應許之地的人，也同樣叫「約書亞」(編按：耶穌〔Jesus〕是約書亞〔Joshua〕的變體)。

基督徒有一個傾向，那就是：假設在耶穌時代的猶太人當中，對彌賽亞的期盼已經斷絕和枯乾，而且把焦點放在大衛的後裔上面。但如果這個期盼是一束錯綜複雜的毛線的話，那麼這假設只不過是其中的一條線而已。另一個很重要的盼望，是神會給百姓差派一位像摩西的先知，[16]他也像王一樣，被神膏立和被分別為聖去作祂的工。我們傾向不會很高舉先知，可能是因為當我們把他們與耶穌相比時，他們就顯得遜色。我們忘記了先知在昔日是多麼的重要，神透過這些男女說話和行動。摩西是最重要的一位先知，他曾帶領他的百姓出埃及，又將在西乃山從神領受到的律法傳給百姓。摩西在整個以色列歷史中，有很多方面都是最重要的人物。與他有關聯的事件有——出埃及、逾越節及頒佈律法——這些都是使民族的生命成形的重大的事件。所以，如果馬太現在告訴我們，耶穌是一位「新的摩西」的話，這是在其他已交代的資料以外，一個很重要的補充資料。

當我們讀馬可福音的引言時，我發現它的格式是有別於福音書的其他內容的。引言當中有一次引用舊約、有從天上而來的聲音，也有撒但和聖靈出現在舞台上。馬太在引言中所用的材料也不尋常。當中有家譜、天使在夢中顯現、博士跟隨著一顆神祕的星星。只有一點是重複的：就是在福音書往後的部分，作者常常不時引用聖經。馬可福音引言中的資料，對我們明白故事其餘的部分尤其重要。因為我們知道耶穌是舊約所指向的那一位。我們明白祂為何能憑著這般大的權柄去教導和行事，是因為我們知道祂與撒但爭戰；我們明白祂為何能夠趕逐污鬼，是因為我們知道祂是神的兒子。當百夫長處決耶穌的時候，發出敬畏的驚嘆：「這人真是神的兒子！」我們明白這個結局在馬可的故事中的意義。同樣，馬太給我們的資料，對我們閱讀**他的**故事來說，也是很重要的。他所告訴我們的，是要幫助我們去明白他的福音。

所以，為何馬太有興趣去指出，耶穌是一個像摩西的人物呢？嘗試往後讀多一點，你就會發現在故事中，洗禮和試探的記載之後的第一個主要事件，就是登山寶訓。這裏馬太給我們一段很長的耶穌的教訓，比馬可福音中任何東西都長得多。「在山上」這個背景是重要的。出埃及記提及摩西上西乃山與神談話。回來之後，他將神告訴他的事情，都告知百姓。現在耶穌**從**山上說話。祂坐下的動作，是祂權柄的記號。祂又宣講一篇教誨，當中包含相當多摩西教訓的回響。祂還實在地聲稱，祂所教訓的是成全了摩西所傳的律法。然而，特別的就是，祂的教訓似乎有時是與摩西對立的！「你們聽見有吩咐古人的話，說……」耶穌說：「只是我告訴你們……」。[17]但希臘文*de*，在這裏翻譯成「只是」(but)，並不能帶出強烈對比的含義。在其他的處境中，這個字往往是被譯作「而且」(and)。再者，如果你留心讀馬太福音五章21至48節的教訓，你會明白當中並沒有衝突，相反，耶穌指出了原先律法背後極美好的心意。祂透過擴張律法，以成全律法。耶穌的教訓比摩西的教訓更具滲透性，更加貼近其原先極美好的心意。

當我在整理這篇課程講章的細節時，我收到幾份被油墨弄髒的傳真紙，是從維多利亞傳真來的。我的傳真機有時會把一頁紙印出三份，有時候也會缺頁，而且打印效果總是很差。我絕對不懷疑，在那邊傳真過來的，是優質完美的正稿。馬太在登山寶訓描繪的耶穌形像，是一位真正認識和教導神旨意的人。人們至今透過摩西所能擁有的，只不過是一張質素很差的傳真副本而已。現在他們有正本了，因為耶穌比摩西更偉大。這並不是說，耶穌的教訓是摩西給祂的副本，相反，**摩西的**教訓才是副本，而**耶穌**給我們的才是正本。

耶穌是偉大的教師，這個主題遍及馬太的故事。所以，無怪乎耶穌在降生時，被神蹟性地拯救出來的故事，應該與摩西的經歷有所「共鳴」。馬太引言的其餘部分，也為了解他的福音書提供了重要的資料。作者曾告訴我們，耶穌是大衛合法的子孫及猶太人的王。耶穌是王的概念在福音書稍後將會提及。[18]當然，祂是以猶太人的身分而死的。[19]祂被稱為耶穌，因為祂要把百姓從他們的罪裏面拯救出來，而且在福音書結尾的時候，我們知道耶穌的血是為赦罪而流的。[20]外地來的造訪者承認耶穌是王，並且敬拜祂。在故事的稍後有這樣的提示：雖然耶穌限制自己的使命在猶太民族當中，但外邦人回應的機會，會在祂死後來到。[21]福音書最後的字句，是復活的基督的說話：「你們要去，使萬民作我的門徒，凡我所吩咐你們的，都教訓他們遵守。」耶穌的教訓要延續下去，要傳給外邦人，也要傳給猶太人。故事開頭出現的外國人，是象徵了故事結尾之時，有多國的成員要敬拜祂。在最開頭的時候，也是有一位惡毒的王，是羅馬的傀儡，企圖要殺耶穌。他的計謀是指向故事結束時，猶太權威與耶穌對抗的計謀，同時也是指向祂死在一位羅馬長官的法令下。然而，這兩個計謀受到神的阻撓：在故事的起頭，耶穌逃到埃及；在故事的結尾，耶穌復活了。最後，無辜者被屠殺的事件是提醒我們，即使神的救贖計劃，也必須經歷苦難才得以成就。在福音書的故事中，這基本上是耶穌自己的苦難。但在未來的日子，那些跟隨祂的人也會牽涉在苦難中。所以，在開頭幾章所告訴我們的事，是指向故事的結尾。故事的開頭是這些概念的提示，到故事結束時，這些概念就顯易而見了。當然，這個故事的結尾將會成為另一個故事的開始，因為門徒將要被差出去，向整個世界宣講福音。

註釋

1. 可見於：例如是Kingsbury, *Matthew as Story,* 43～45。
2. *The New Testament and Psalms: An Inclusive Version,* (New York: Oxford University Press, 1995) .
3. 創三十八章。
4. 書二章。
5. 撒下十一2～5。

6. 得三章。

7. 太一章與保羅在羅一3節及其後的兩行總結，兩者之間存在有趣的類比。保羅告訴讀者，耶穌基督福音的內容，是關於神的兒子的。他按著肉體説，是從大衛後裔生的，但按聖善的靈説，因從死裏復活，以大能顯明是神的兒子。然而，請留意兩者之間的分別：對保羅來説，耶穌的大衛血統明顯是屬肉體的，而他的神聖兒子身分(或者説是他的宣告！)是連於他的復活。但對馬太來説，兩個概念都是連於耶穌的出生。

8. 賽七14。

9. 大概在公元前733年。

10. 我將這個例子歸功於我的丈夫。見David Stacey, *Isaiah 1～39* (Epworth Press, 1993), 58。

11. 比較保羅在哥林多後書三章中，把「字句(letter)」與「精意(spirit)」的對比

12. 彌五2。最後一行是出自撒下五2。

13. 耶三十一15。

14. 何十一1。

15. Josephus, *Antiquities* II, 205.

16. 申十八18。

17. 太五21及其後、27節及其後、31節及其後、33節及其後、38及其後、43節及其後。

18. 太十三41，十六28，二十21，二十一5，二十五34，四十章。

19. 太二十七11、29、37、42。

20. 太二十六28。

21. 太八11，十二18，二十一章，二十五31～46。太二十一43及二十二8～10可能是指到外邦人。

第三章

屬靈的鑰匙（路一～二章）

每一個冒險都是新的開始

——艾略特，〈東科克〉之五，《四首四重奏》

我們的前三位福音書作者(馬太、馬可和路加)所講的耶穌故事，在很多方面都十分相似。它們相似到一個地步，我們往往發現他們用相同或差不多相同的字眼。只是他們的引言部分，卻有顯著的分別。為甚麼會這樣呢？我認為每位福音書作者所提供給我們的引言，都強調那些**他**認為是重要的獨特神學主題，以及在讀其餘部分時，要留意的一些概念。

如果要問為何路加給我們的引言，與其他福音書作者的引言截然不同，可能最重要是因為他要強調，聖靈在耶穌的事奉和祂的跟隨者的宣教事奉中動工。但首先我們要決定，我們要討論路加的哪一個引言。

路加似乎是其中一位覺得難以開始的人，因為他不停在寫引言。他令我想起我其中一位的研究學員。他與我一起工作五年之久，他向我提交了一份又一份的論文，一份比一份長，每一份都用「引言」作標題。我問他**甚麼時候**會結束引言，進入論文本身？當然，很多論文內容的胚芽，其實已包含在他的引言中。路加亦是如此。

他的第一個引言很簡短。它有一個正規的開始，我們可以稱之為一個文學性的引言。它的形式與當代的其他文學性引言很類似。路加是我們的新約作者中最懂得修飾的一位。他的希臘文運用得最好，很明顯他是受過一些文學訓練的，無怪乎他用一種文學性的風格來書寫。在書皮和出版社的目錄面世之前的日子，作者有需要很快地告訴準讀者，你寫的書屬於甚麼類型，並且要向他們解釋，為何這本書是值得繼續讀下去的。雖然路加的書，是寫給某位名為「提阿非羅」的人，但是他肯定是盼望有更多讀者的。路加往往被形容為「早期教會的第一位歷史家」，他的簡短序言能與古代歷史家，如希羅多德(Herodotus)及修西狄底斯(Thucydides)等人的歷史書序言相比，是不足為怪的。[1]然而，兩者之間還有其他有趣的類似地方。[2]以下的例子，是一封所謂阿里斯特的信(Letter of Aristeas)的開頭。它是另一位希臘猶太人，在公元前二或一世紀時所寫的：

> 探訪猶太大祭司埃利埃澤，是一段值得回憶的歷史，我已經為這段歷史搜集了材料。菲洛拉特哪，又因為你抓緊每個機會提醒我，你很重視要收到一份報告，是關於我的使命的動機和目的。我已經就著這件事，嘗試為你草擬了一份清楚的解釋，因為我察覺到你擁有一份愛好學習的天賦。

試將它與路加開始的方式比較：

> 提阿非羅大人哪，有好些人提筆作書，述說在我們中間所成就的事，是照傳道的人從起初親眼看見又傳給我們的。這些事我既從起頭都詳細考察了，就定意要按著次序寫給你，使你知道所學之道都是確實的。

所以，路加是以一個慣用的方式來開始他的書。他對他正在做的事情，作出某些宣稱。他說，他在把資料按次序編排，但到底按甚麼次序呢？他沒有說。往往我們會假設他的意思是「按時間的順序」，但他的意思也可以是「神學性的次序」。我們必須要讀下去，才會發現它所指的是哪一種。但請留意路加在某些有用意的言辭當中，所帶出的提示。他說，他是正在寫關於「我們中間所成就的事」。我可以想像到，你和我可能會這樣說：我們正在編寫一些**已發生**的事件。「成就」(fulfil) 這個動詞告訴我們一些關於路加對這些事件的看法。也請留意他怎樣形容那些為他提供可信賴的見證的人。路加不是說，他們是沒有偏見和獨立的見證人，比這更甚的是，他們是「目擊證人及話語的僕人(話語，是指這個福音)」。最後，路加想向提阿非羅保證，他所得知的，都是事件的真相。「真相」(truth) 這個字的翻譯，應該是比較接近「可靠性」或者「保證」。而希臘文動詞「告知」(inform) 是*katechein*，其名詞就是「學道者」(catechumen)，所以其意思可能是「教導」(to instruct)。所以路加希望提阿非羅能夠確信，他所得到的教導是可靠的。他將要寫給我們的，明顯是不平凡的歷史。

路加第一段的文學性引言是在路加福音一章1至4節。路加在這段引言中，告訴我們他的寫作目的，但這段引言卻與我們討論過的馬可和馬太的引言差異很大。與馬可和馬太的引言相同的，是路加的第二段引言，就是在路加福音一章5節，他再次以「當猶太王希律的時候」為開始。還記得在馬太福音一至二章中，我們可能會期望馬太會直接進入耶穌在伯利恆降生的故事。同樣，路加也要先講另一個故事，就是施洗約翰出生的故事。你也記得，當馬可告訴我們，他準備要描述耶穌基督福音的起頭時，他立時被打岔(似乎是這樣)，轉為講關於施洗約翰的事。原因當然就是，馬可以約翰為一位先驅者及耶穌的見證人。因此，路加也是這樣，但路加卻是從他們的受孕期開始追溯這個主題。

因此，路加開頭的故事是關於撒迦利亞的。他是一位祭司，與不能生育的伊利沙伯結婚。他們倆人都是祭司亞倫的後裔，大家也相處了多年。撒迦利亞在聖殿的聖所中燒香。主的使者進來，後來我們知道他是加百列。天使叫撒迦利亞不要害怕，並宣告以利沙伯將要生子，又吩咐撒迦利亞要為兒子取名叫約翰。他甚至在未出生之前，已被聖靈充滿。他擁有以利亞一樣的心靈和能力，他的責任是走在主的前面，為主的來臨預備人心。當然撒迦利亞對這個信息是表示懷疑的，他要求一個憑據，證明這事是真實的。因著他的小信，他遭受到懲罰，成為一個啞巴——這並非他所要的憑據，然而卻十分有效。

場景轉移到加利利，加百列再次出現在這裏。今次他向馬利亞顯現。她已經許配給大衛家的一個名叫約瑟的人。天使告訴她，她也要懷孕生子。她要為兒子取名叫「耶穌」。祂要被稱為至高者的兒子，祂領受祂的祖先大衛的王位。馬利亞也像撒迦利亞一樣，懷疑天使的信息，但她的回應明顯看來是積極的，而不是消極的。[3]天使告訴她，她要透過聖靈的能力懷孕。她也得到一個憑據：就是她年老的表姊伊利沙伯也懷了孕。

我們很難忽略這兩個故事之間的類同。它們好像一輛雙座位的自行車一般走動。路加顯然是刻意地將他的故事建構成這個樣子，以致我們從開始，甚至在兩個小孩出生之前，就明白約翰是耶穌的先鋒，而且是指向耶穌，為接著祂來的那位預備道路。

馬利亞來探訪伊利沙伯。就在她們相遇的一刻，小孩子在伊利沙伯的腹中跳動，承認那尾隨他的一位要來臨。伊利沙伯被聖靈充滿，以一個祝福迎接馬利亞，馬利亞也發出歌聲。我們可以肯定地假設這首尊主頌(Magnificat)也是出於聖靈的感動。馬利亞在當中頌揚神曾經做過的，和祂正在做的大事。祂向敬畏祂的人施憐憫。祂向那狂傲的人施展大能。祂叫有權柄的失位，叫卑賤的升高。祂叫飢餓的得飽美食，叫富足的空手回去。祂扶助了祂的僕人以色列，又記念對亞伯拉罕和他的後裔的應許。

當然，她所講的事全都是在將來才成就的。她給我們的記載，關乎神已經成就的事情並不多，比較多的卻是神將會透過耶穌作甚麼事。這首尊主頌總結了將來要發生的事。這故事本身也是指向未來的，因為扮演主角的這兩位女人，就是卑賤的要被升高的一個例證。

在這兩位母親會面之後，接著就是兩個出生的記錄。伊利沙伯生了一個兒子，八天之後給孩子行了割禮。親戚和朋友都驚訝，因為他的父母給他取名叫「約翰」。撒迦利亞聽從了天使的命令，就恢復了說話的能力。他要彌補過去損失了的時間，就開口說出有福頌(Benedictus)。他也像他的太太一樣，被認為是被聖靈充滿。有些時候，學者認為路加在這裏，把他的原始資料混亂了，因為撒迦利亞似乎是攪錯了說說話對象。他在說的是耶穌，而不是約翰。但他當然正是要說耶穌！約翰的作用是成為耶穌的先驅，而他的出生是耶穌降臨的徵兆。約翰出生的真正意義，是要成為未來救恩的先驅。所以我們見到撒迦利亞稱頌神，是因為神從祂僕人大衛家裏面，為祂的子民興起了一位大能的救主。撒迦利亞的歌頌，很多是重複馬利亞已講過的東西，但最後他轉向約翰：「孩子啊！你要稱為至高者的先知；因為你要行在主的前面，預備他的道路……」。你應該記得，這就是馬可在**他的**福音書的序章中，曾告訴我們的。路加告訴我們，那孩子漸漸長大，心靈強健。

約翰從舞台消失之後，耶穌降生的故事就開始了。作者交代約瑟怎樣與馬利亞到伯利恆作人口統計的登記，因為他是大衛的後裔。歷史學家找不到該次人口統計的記錄，也找不到人們要回到自己祖籍地登記的規定條文。然而，路加就按他所聽到的，記錄在故事中，因為這解釋了為何在拿撒勒長大的耶穌，會生於伯利恆，就是大衛的城。作者曾兩次提到，耶穌是那位大衛應許的子孫。天使又再次出現，向在野地的牧羊人解釋所發生的事：「今天在大衛的城裏，為你們生了救主，就是主基督。」他們也得到一個標記，以肯定所聽到的是事實：他們會在一個馬槽中找到這位嬰孩。由天使所組成的詩班在這時出現，確認了這個信息。而牧羊人也立時自己證實了這個信息。

這個簡單的記敍，是第一章的「詩歌」的迴響。但故事發展到這裏，是開始指向將來要發生的事。一個嬰孩在旅途中出生，除了馬槽以外，沒有可躺臥的地方。祂一生的事奉都是以旅途的形式進行，祂也沒有枕首的地方。[4]環繞著耶穌降生的貧窮處境，與那些被召喚去見祂的人的寒微身分(只不過是牧羊人)互相配合。這與在馬太福音中帶著貴重的禮物而來的智者是一個對比。那些迎接耶穌降生的人的貧窮與寒微，再次配合了路加福音的中心主題。

記載耶穌降生故事所用的篇幅，比約翰的出生記載更長。耶穌降生之後，也接續記載了祂的割禮，並且在這禮儀當中，按著天使的吩咐，為祂取名叫「耶穌」。這章的結束語，與第一章關乎約翰的結束語，相似的地方是：「耶穌的智慧和身量，並神和人喜愛他的心，都一齊增長。」[5]

路加明顯是故意地把約翰和耶穌的故事並排的。這裏有兩個不平凡的出生故事。一個是關乎一位過了生育年齡的年老、不育的婦人，另一個就是一位年輕、未曾與男人發生過性關係的處女。他似乎在說，兩個的出生故事，都有相同程度的不尋常和不可能，除非有聖靈的作為在當中，否則是不可能發生的。在馬可的福音書中，由約翰出現在曠野的一刻開始，他就為耶穌做見證，宣講悔改的洗禮。但在路加福音，約翰甚至在出生之前，已經為耶穌作見證了。平排的故事成為了一個架構，讓我們有足夠的資料認識這兩個孩子是誰。約翰是走在主前頭預備道路的先知，但耶穌將會為大，並且掌祂祖先大衛的王權，直到永遠。祂是那位彌賽亞、主，又被稱為神的兒子。祂是為謙卑人帶來救恩的救主；審判狂傲的人。祂叫有權柄的失位，叫卑賤的升高。所有這些資料都是來自天使或被聖靈所感動的人，他們的話是可靠的。我們又再次有這個權利，能夠無意中聽到一些句子，可以從神聖的角度去看這些事件的意義。當我們在福音書的往後部分，發現耶穌宣告自己來到，是要尋找拯救失喪的人，[6]那時我們便不會覺得驚訝。當我們知道謙卑人和被遺棄的人，都在神的國度中有分，而狂傲的人反被拒於門外的時候，我們又不會覺得奇怪。[7]

約翰與耶穌之間的類比免不了會用盡，然而路加還有很多關於耶穌降生的事情要告訴我們。在第八日的割禮之後，祂的父母就按著律法的命定，帶耶穌上耶路撒冷，將祂獻給主。他們又根據主的律法所要求的，獻上合宜的潔淨祭。在二章22至24節那三節經文中，路加三次的提到，這一切是照主的律法上所說的去做。他在39節中重申，他們所作的每一件事，都是照著主的律法的要求。路加肯定是很渴望要強調，從律法的角度來說，耶穌是義的(righteous)。當我們讀到福音書往後的章數時，我們發現路加不但省略了(我們不知道是無心，還是有意的)馬太在登山寶訓[8]中所用的「反對比」，而且還省略了在馬太和馬可均有記載的，關於古人遺傳的討論。[9]可能這是因為這些經文，每一篇都**可以**被解釋為耶穌對律法的攻擊。在馬可與路加的故事裏面，其中的一個有趣的差異，就是釘十字架的記錄。在馬可福音中，在耶穌死的一刻，那位百夫長宣告：「這人真是神的兒子。」我們可以肯定馬可的心意，是要我們以這些字句為信仰的宣告。然而，在路加福音中，百夫長說：「這個人肯定是無辜的(和合本譯：這真是個義人)。」是多麼平凡的評語啊！他沒有用一些字眼表達關於耶穌最偉大的真相，反而用只用了一句話說：祂是無辜的。但對路加來說，耶穌的無辜是很重要的。在他的第二卷書使徒行傳中，他幾次提到耶穌是「那位公義者」，而在祂生命的最起始點，我們見到每件事是如何照著律法的要求而做。因此，控告耶穌是一個律法的破壞者，是沒有基礎的。

在聖殿中獻上耶穌的故事過程中，路加描述有兩位聖潔的人，如何在那裏認出耶穌。第一位是西面，這人又公義、又敬虔，素常盼望以色列的安慰者來到。路加超過三次告訴我們，他是被聖靈所引導，就用手接過耶穌來，並宣告他現在已看見神所應許的救恩了。這個救恩會把光帶進外邦人當中，也會為以色列帶來耀榮。現在我們在既有的資料上，又再加上新的資料。作者告訴我們，到目前為止，耶穌會給亞伯拉罕的子孫帶來救恩，但現在我們又知道耶穌的來臨，是意味到外邦人要得著光，以色列要得榮耀。但當提及馬利亞的時候，西面卻告訴她，她的心要被刀刺透——這個不詳的提醒，是告訴她救恩只能透過耶穌的死來成就。

至此，路加的「特權」資料，已經指向往後在福音書中所發生的事件。但外邦人又怎樣呢？耶穌沒有向他們宣講，祂只醫治了一個人（百夫長的僕人）。這是真的，但路加心裏已隱藏著寫第二卷書的計劃。當我們讀使徒行傳的時候，我們實在見到耶穌的降生，意味著「光」要臨到外邦人。

路加不單只寫了一卷書，而是寫了兩卷。這個事實引起一些有趣的問題，是關於他如何策劃這福音書的。他是否有意從起初開始，就寫兩個具有爆炸力的部分呢？還是因為他的第一卷書是這麼成功，以致他決定要寫另一個部分，描述接著所發生的事呢？使徒行傳在很多方面都是「這故事的延續」。如果我們讀這卷書的引言，我們發現路加是講及「耶穌開頭一切所行所教訓的」，我們發現祂的跟隨者，也效發耶穌在他們面前所做的，他們也同樣教導、行神蹟和受苦。但第二卷書有一個新的主題，支配著它的大部分內容，就是在外邦人中的宣教工作。然而，這個主題甚至早在西面的說話中已見萌芽。

所以，我懷疑路加在很早期已經有意要寫第二卷書了。

然而，路加福音二章談及外邦人的事情，只不過是一個提示。路加的第二卷書，是強調教會對外邦人的宣教使命。對那些認識這卷書的人來說似乎有點吊詭的：在路加福音的前言裏面，他竟然強調耶穌對律法的順服。為甚麼這位所謂「外邦人的傳道者」這麼猶太化呢？福音書的前言與使徒行傳所描繪的圖畫，兩者之間是存在著某程度的張力的。福音書的前言，強調耶穌是以色列的真兒子；祂出現在聖殿的敬拜中，並且祂怎樣成全了舊約的應許；而在使徒行傳中，路加要說服基督徒的羣體，要傳福音給猶太人和外邦人。然而，這只不過是張力，而不是矛盾。正因為耶穌是信實的、公義的，所以祂能將光明帶給外邦人。而且，現今在祂身上作工的聖靈，也是在日後帶領外邦人進入基督徒羣體的同一位聖靈。令人驚訝的是(一個悲劇)，雖然在使徒行傳中，光明已經透過福音的形式進入了外邦，但猶太人卻被指為是重複地抗拒它。

路加喜歡用平排的手法。我們有撒迦利亞與馬利亞、伊利沙伯與馬利亞、約翰與耶穌。現在我們不單有西面，也有亞拿。作者說，亞拿是一位先知，意思是說她也是被聖靈所感動的。當她見到耶穌的時候，她開始讚美神，將耶穌的事向一切盼望耶路撒冷救贖的人講說。雖然我們不知道亞拿說甚麼，然而，我們知道她說的是她所相信的。當然這些說話，對在路加福音中的重要婦女角色來說是典型的。

第二章最後的一個故事，是關於耶穌在十二歲的時候，再次探訪聖殿的記載。逾越節的慶典過後，祂的父母啟程回家，不知道耶穌仍然留在聖殿，正與那裏作教導的人一起討論。所有聽見祂說話的人，都驚訝祂的聰明和應對。耶穌遭受父母的責備的時候，意外地回答：「豈不知我應當在我父的家裏嗎？」這是耶穌的第一句話，是指向在路加福音稍後的一章中，耶穌堅持一定要到耶路撒冷的事。[10]祂在那裏渡過祂的最後的一週，在聖殿裏教導人，又與宗教權威們爭執。[11]每一個聽見祂的人，都再次因著祂的話語而驚訝。

耶穌在耶路撒冷聖殿中的奉獻禮，以及祂在童年時在那裏過逾時節的故事，都是路加獨有的記載。這是在路加著作的第二部分中，另一個很重要的主題。使徒行傳是關於使徒如何把福音帶入世界的故事，但他們開始的基地，及他們經常回去匯報的地方，就是耶路撒冷。在故事中，聖殿扮演一個很重要的角色，特別是頭幾章，因為耶穌的跟隨者都在那裏敬拜和學習。第一位殉道的基督徒司提反，就是被指控糟蹋聖殿[12]和律法。但如果我們留心觀察他的答辯，我們會發現他不是真正的反對聖殿本身，而是針對人們沒有敬拜神和遵守律法。司提反在所指控他的罪上是無辜的，正如耶穌自己，在所指控**祂**的罪上是無辜的一樣。只要是能夠的話，基督徒會繼續在聖殿中敬拜神。路加形容耶穌自己，從生命最初的時候，就忠心地來到聖殿，是一點不奇怪的。同樣，路加的福音都以聖殿的敬拜作為開始和結尾，我們也不會因此而覺得驚訝。在開始的場景（一8～23），撒迦利亞在聖所燒香；而在最後一節（二十四53），門徒「常在殿裏稱頌神」。

路加像馬可和馬太一樣，用了很短的篇幅，向我們交代了很多耶穌的資料。他也像馬可一樣，選擇用約翰是耶穌的先鋒這個主題作為開始。但他也像馬太一樣，用我們所謂的「嬰孩故事」作為故事的開始。他也像馬太一樣(卻不像馬可)將資料公開，給很人多知道。他像其他兩位福音書作者一樣提供資料，指向故事其餘部分中的一些重要概念。在路加的情況中，其餘的部分，是指到使徒行傳及這福音書。他也像馬可和馬太一樣，指向過去的事及神在祂子民中的計劃。馬可的做法是以引用舊約作為開始，而馬太則以一個追溯到亞伯拉罕的家譜作為開始，又引用了一系列的舊約經文。我們可能覺得奇怪，為何路加在頭兩章經文中，沒有引用任何舊約，而在這福音書往後的部分和使徒行傳中，就引用了很多。雖然他沒有真正的引用，但這兩章其實是舊約典故的雜錦，而且是用一種對舊約很懷念追憶的風格來寫。讀者得到的印象，就是他刻意要這樣寫，好讓別人覺得：「啊！這是延續了我們耳熟能詳的故事，是關於神怎樣對待祂的子民。這是接續救恩故事重要的一章。」如果路加在寫這幾章的時候，一方面著眼在這福音書其餘部分所要講的故事上，即是救恩要透過耶穌來到，那麼另一方面，他肯定也會著眼於神如何在過去的日子，拯救祂的百姓。

然而路加有另外一種方式，把神在過去所做的，與祂現時在耶穌和他的跟隨者裏面所做的，及透過他們所做的，都連結起來。在這兩章經文裏，到處都重複提及神的聖靈。這裏有另一個重要線索，去明白這些事的意義：神正在作工，祂是那位在舊約很多偉大故事中，曾經作工的神。要提及神的「靈」，其實就是另一種方式講及神在這個世界中，主動地和互動地作工。聖靈動工拯救祂的百姓和感動各先知，也是同一位聖靈現今在撒迦利亞和伊利沙伯、馬利亞和約翰裏面作工，最重要的是，祂也在耶穌自己裏面作工。路加福音有一個引人入勝的地方，就是他在頭四章常常提及聖靈，但之後就很少再提及，一直到使徒行傳為止。路加講故事的方式，就像馬可和馬太一樣，讓我們自己做結論。理由可能很簡單：若路加用傳統的方式寫耶穌的言行，很可能不會多提及聖靈。惟有在引言部分，每位福音書作者都將自己的紙牌放在桌上，給我們一把鑰匙去揭示這故事的意義。他讓我們帶著已經知道的亮光，然後邀請我們去聽故事。然而，路加在他的第二卷書中，他有機會不斷地提醒我們，教會生活中所發生的事，是聖靈的工作。

聖靈的主題持續在三、四章出現。我曾經說過，路加有很多引言。路加福音三章1節是另一個引言的開始。事實上很多學者爭議說，這裏才是這卷福音書**真正**的開始，而一、二章是後來才加上去的。我希望到現在已經能夠說服了你，他們一定是錯的。起頭這兩章是重要的神學引言。但路加福音三章1節肯定是標誌著另一個新的開始，因為它在馬可的起始點接續這個故事，而且列出一些歷史背景中的事件：

> 該撒提庇留在位第十五年，本丟彼拉多作猶太巡撫，希律作加利利分封的王，他兄弟腓力作以土利亞和特拉可尼地方分封的王，呂撒聶作亞比利尼分封的王，亞那和該亞法作大祭司。那時，撒迦利亞的兒子約翰在曠野裏，神的話臨到他。……

那麼路加在第三段引言中，帶給我們甚麼信息呢？馬可是在這個地方開始他的故事，但馬可在這頭幾行裏面，所突然帶出的資料，路加早已經告訴我們很多了。我已經知道約翰是耶穌的先驅，天上來的聲音只不過是證實我們以前聽過的東西而已。這段落的效果無可避免地，是遠遠不及馬可所帶出來的影響力。路加寫這部分的故事，比馬可寫得更詳細。他以很長的篇幅引用以賽亞書的經文(及省略了出埃及記和瑪拉基的片語)，但注意力是投射在約翰本身，多過那將要來的一位。作者告訴我們多一點關於施洗約翰的教訓，及他對其聽眾的要求。約翰不單只是一個路標，指向那尾隨他的人。耶穌受洗的故事，差不多是以偶發性事件的方式表達，那從天上來的聲音證實了我們已經知道的——耶穌是神的兒子。接著下來是一個家譜(與馬太的不同)，從約瑟開始，穿過大衛和亞伯拉罕，追溯耶穌的合法血統，一直到「神的兒子」亞當。第四章詳細地描述試探的故事。如果我們回顧馬太福音，我們會發現他也有相似的做法：他也比較仔細地記載了約翰的教訓，對受試探的記錄也較為詳盡。馬太和路加都提供了屬於他們自己的，而且是獨特的引言。他們都把這些故事包括在內，因為他們清楚相信這些故事，是傳統中的重要部分。雖然如此，其實他們兩位都不需要**這個**部分的故事，去帶出那些他們認為是福音書的重要主題。路加的第三個引言，事實上已單單成為故事的一部分了。

然而，路加還未完成他的引言。或者，更準確地說，路加還未完成那些包含未來的胚芽故事。路加福音四章14節標誌著耶穌事奉的開始：

> 耶穌滿有聖靈的能力，回到加利利；……耶穌來到拿撒勒，就是他長大的地方。在安息日，照他平常的規矩進了會堂，站起來要念聖經。有人把先知以賽亞的書交給他，他就打開，找到一處寫著説：『主的靈在我身上，因為他用膏膏我，叫我傳福音給貧窮的人；差遣我報告被擄的得釋放，瞎眼的得看見，叫那受壓制的得自由，報告神悅納人的禧年。』於是把書捲起來，交還執事，就坐下。會堂裏的人都定睛看他。耶穌對他們説：「今天這經應驗在你們耳中了。」

在耶穌的事奉中，第一件所作的事，甚至在祂還未呼召任何門徒之前所作的，就是讀舊約聖經。並且祂在讀到那個宣言的時候，把它應用到自己身上，說這宣言已經應驗了。神的靈住在耶穌裏面，祂也是被神所膏立去執行特定的任務的。實際上，以賽亞書六十一章已經成為耶穌的宣言：這就是祂現在委身要進行的計劃。祂的聽眾最初是驚訝，繼而就詆毀祂。耶穌宣告説，沒有一位先知在他自己的家鄉是被接納的。我們都知道祂在拿撒勒是不被接納的。耶穌繼續談及以利亞，他被神差派到西頓的一位外邦寡婦家中接受供養，而不差他到眾多以色列寡婦中。耶穌又提到以利沙，他潔淨了外邦人乃縵，而不潔淨眾多的以色列痲瘋病人。這些話的含義很清楚：對這個信息有回應的是外邦人，反而不是猶太人。因此，祂的聽眾就怒氣滿胸，嘗試用私刑殺死祂，但祂卻逃脫了。

我們再次見到福音書往後部分的重要概念，在這裏已經開始萌芽。耶穌將不會被自己本城的人所接納，事實上也不被自己本族的人所接納。回應這福音的是外邦人，並非猶太人。到那日，祂自己的子民會精心地策劃去處死祂，即使是這樣，即使在那個時刻，祂仍然繼續走祂的路。

那麼祂的宣言又怎樣呢？耶穌聲稱主的靈降臨在祂身上。雖然在拿撒勒會堂裏面的人不知道此事，但我們已經知道這話是真的。耶穌説祂被膏立，是要叫祂將好消息傳給貧窮人。不久祂要離開拿撒勒，然後走遍加利利宣講好消息。那些貧窮的、出身寒微的、被人遺棄的及那些不能投入社會的人，作出了回應。祂聲稱祂被差遣去使被擄的得釋放、被壓制的得自由。在以後的章數裏，我們發現祂醫治人和趕逐污鬼。這些就是被擄的和被壓制的人，因為在往後的福音書中，作者提到一位駝背的婦人被撒但所捆綁，[13]而那些被鬼所附的人也成為撒但的俘虜。[14]

當我們讀下面的三、四章的時候，我們會發現耶穌正在做這段經文所提及的各樣事情。我們見到祂活出祂的宣言。然後在路加福音七章，約翰已在監獄中，他打發使者去問耶穌：「那將要來的是你麼？」約翰雖然宣佈那將要來的一位已經來到，但他仍未知道我們在故事起頭所知道的資料：耶穌就是那要來的那一位。所以耶穌怎樣做呢？祂是否發信息説：「當然是」！？不是的，根據路加的記載，祂最先做的事，是醫治一大批在各樣病痛中呻吟的人、各樣疾病和被鬼附的人，而且使很多盲眼的人恢復視力。我對路加提及盲人特別感到耐人尋味。因為在祂的宣言中，使瞎眼的得看見的應許，是惟一至今還未實現的一項。路加在講這個故事的時候，好像決定要交代清楚，整個計劃實在是已經在進行中。所以耶穌告訴那位使者：「你們去，把所看見所聽見的事告訴約翰，就是瞎子看見，瘸子行走，長大痲瘋的潔淨，聾子聽見，死人復活，窮人有福音傳給他們。」然後留待約翰自己作出結論。

所以，在拿撒勒人耶穌的故事中，這段引言是關乎耶穌的事奉的。這引言向我們顯示以下故事的意義——是開啟耶穌事奉的意義的一把鑰匙。使者被差遣回去見約翰的時候，我們已經擁有證據知道，耶穌就是以賽亞書六十一章所描述的受膏者了，而約翰也得了憑據，耶穌就是他所宣佈要來的那一位。

直至第二卷書為止，路加福音四章14至30節真是他很多的引言中的最後一個！但在開始這個故事之前，他在這裏只給我們五節很簡單的引言。畢竟第二卷書不需要更多引言，因為整卷福音書就是解釋使徒行傳的引言。路加這位文人，肯定知道序章的重要性，而且亦充分的利用了它們。

註釋

1. 到底把路加形容為一位歷史學家是否適切，還是一個富爭議性的課題。肯定這樣形容是不恰當的。Marshall, *Luke: Historian and Theologian.* 中的討論。
2. D. Earl, 'Yrogogue-form in Ancient Historiography'，認為這幾節經文的模式，可見於Loveday Alexander 的 *The Iliad and The Odyssey*。然而，*The Preface to Luke's Gospel*及 'Luke's Preface'，將路加的序言放在她所謂的「科學的傳統」上。
3. Moloney, *Beginning the Good News*, 110，認為可以從他們發問的形式

上找到解釋。馬利亞問，她自己怎可能懷孕（有足夠的理由發問！），而撒迦利亞卻是問，怎麼知道天使的信息是真的呢。雖然兩人的回應，在內容上分別不大，而且天使也將兆頭賜給撒迦利亞和馬利亞兩人，以顯示其說話的真確性。關於要求兆頭的不適切性，見M. D. Hooker, *The Signs of a Prophet*（SCM Press Ltd. and Trinity Press International, 1997）, 17～34。

4. 路九58。
5. 路二52。第40節有一句關於耶穌的類似句子。
6. 路十九10。
7. 路四16～20，五29～32，六20～26，十四7～24。
8. 太五21～48。
9. 太十五1～20；可七1～23。
10. 路九51，十三33。
11. 路十九45～二十一38。
12. 路加福音其中一個有趣的特點，就是他沒有記錄宗教權威，指控耶穌要拆毀聖殿的事（比較太二十六59～63及可十四55～61）。他是否刻意省掉耶穌攻擊聖殿的暗示呢？
13. 路十三10～17。
14. 路十三14～23。

第四章

光榮的鑰匙(約一1～18)

我的序章，就是我的結尾

——艾略特，〈東科克〉之一，《四首四重奏》

「太初有道」，位於第四福音書開首的這幾個字，一直以來都被認為是在引介一些十分特別的東西。約翰前頭的十八節，往往被稱為「開場白」，而且被視為是在某種意義上，獨立於這福音書的其餘部分。但這幾節是否**也**是這卷福音書的**鑰匙**呢？這幾節經文，是否也像其他福音書的引言一樣，讓讀者可以得到所需要的重要資料，以明白這卷書的其餘部分呢？

約翰這段開始的段落，其風格與我們曾探討過的經文的風格有著很大的差異。馬可給我們的，是幾個爽快和戲劇性的場景。路加和馬太的記載，雖然是擴充了的，但同樣都是用敘事的形式。相對地，約翰給我們的，是紮實的神學！這頭十八節經文，原先是否屬於這卷福音書的一部分，因而引起了如暴風雨般的長期爭議。有學者爭辯說，這段經文的結構是詩歌體的，它以一首獨立的「詩歌」或詩詞來開始生命。他們認為，這卷書原先是以施洗約翰見證耶穌為開始的，所以你可以從約翰福音一章19節開始讀這個故事。當然你可以這樣做，正如你可以從馬太福音一章14節開始讀馬可福音一樣。但如果你是這般愚蠢的話，那就等於丟掉打開兩卷書的鑰匙。如果我們要明白約翰福音，我們必須先讀這十八節經文。這些學者都發現，在約翰的開場白和後面的經文之間，無疑是有「脱節」的。我認為這脱節並非顯示一種編輯的手法。如果一段「開場白」要發揮它的作用，這個特色是不可或缺的。在其他的福音書(特別在路加福音第二章末)和一些戲劇中，也有同樣的情況。那麼，如果約翰給我們一個神學性的引言，我們又何需驚訝呢？馬可的福音書包含了很多短而爽快的場景，他的引言亦是如此，即使這些場景是有點兒不尋常。馬太和路加在他們整本的福音書中的敍述，都比較慎重，他們的引言亦是如此，即使他們在這裏所牽涉的故事也是不尋常的。至於約翰，雖然他的福音書有一個敍事性的架構，大部分的篇幅都是我們所稱為「講論」的形式。當中有一些長而仔細的神學句子，解釋耶穌與神和與世界的關係。那麼，**除了**神學的句子之外，我們還應該期望在他的引言中找到甚麼呢？

當我們打開約翰的開場白的時候，我想我們會發現：雖然他的語言和風格與其他的福音書作者有很大的分別，但他給我們的資料，在很多方面都與馬可、馬太和路加所提供的十分相似。其中一個引人入勝的連接點就是他開始的片語：「太初」(in the beginning)。你可能會記得馬可以「起頭」(the beginning) 開始他的福音書，而馬太以希臘字*genesis*作開始，意思是「來源」。文人路加是一個例外，但即使是他，也說他所寫的，是照著那些**從起初**親眼看見這福音的人。所有的福音書作者，似乎都以不同的方式想到起頭是重要的。約翰當然也不例外。

「太初」二字，在希臘文只包含兩個字，而希伯來文更只有一個字，也就是創世記開始時用的字。創世記一章告訴我們起初的事。當神說「要有光」，就有了光，祂將光暗分開了。他告訴我們，神繼續創造了天和地，將生命帶到地上。在約翰福音一章開頭幾節裏面，有很多地方是這個故事的回響(太初、神、道、生命、光、黑暗)，似乎這篇文章，實際上就是一本「猶太釋經集」(*midrash*即是一本註釋書)，解釋創世記那些起頭的字句。在同期的猶太的著作當中，也有類似的經文註釋。[1]

我們已經找出這四卷福音書的另一個連接點。四卷書都以舊約所發生的事作為開始。馬可從舊約中，在神的應許裏，發現耶穌福音的起頭。馬太的開始是追溯耶穌的家譜，直至亞伯拉罕：把神對祂子民的計劃，追溯到這位民族的建立者身上。引用舊約時更加重複地強調，所發生的事是神的旨意此一信息。路加作為一個文人，他曉得用最好的修飾手法，在他開始的篇章中，也選擇用舊約的風格。他追溯耶穌的血源直至亞當，似乎他要顯明，他的故事是延續從亞當那裏開始的故事。現在，約翰以創世記一章1節的片語作為開始，將我們帶到創造世界以前，時間的起點。當四位福音書作者把我們指向舊約，他們其實是把我們指向神的計劃。祂在創造當中工作、在歷史中採取主動，也在聖經中啟示自己。

神在創造中工作。其他的福音書作者透過提及神的靈來強調這點。你應該記得，在馬可福音的頭十三節中，他三次提及神的靈。在他的故事的其餘部分，我們見到聖靈在耶穌身上作工，毀壞邪惡及創造新生命。在馬太福音和路加福音裏面，耶穌是透過聖靈受孕的。路加的故事到處都談及聖靈，認定耶穌降生所發生的事，是出於神創造的靈。而且祂在拿撒勒的第一篇講道中，耶穌聲稱聖靈在祂身上工作。惟有約翰沒有提及聖靈。但在他開始敍述的時候，有一個很重要的引用。然而，他只不過是用他自己的方式，告訴我們同樣的事，因為提及「聖靈」只不過是以另一種方式提及神在世界中工作而矣。雖然約翰不講聖靈，而提及萬物所靠賴而被造的「道」(the Word)，但他在這裏所描述的肯定就是聖靈。

所以，如果要明白約翰福音第一章的頭幾節，我們需要把它與創世記一章的頭五節作比較。

> 起初神創造天地。地是空虛混沌、淵面黑暗，神的靈運行在水面上。神説：『要有光。』就有了光。神看光是好的，就把光暗分開了。

> 太初有道，道與神同在，道就是神。這道太初與神同在。萬物是藉著祂造的，凡被造的，沒有一樣不是藉著祂造的。生命在祂裏頭，這生命就是人的光。光照在黑暗裏，黑暗卻不能勝過（註：和合本譯接受）光。

當提到這光照在黑暗裏，我們就是將創造的主題，連接到以下這個主題：神在歷史中，透過奉祂名説話的先知，繼續向其子民啟示祂自己。祂在光的照耀中啟示自己，向他們彰顯祂的榮耀。當我們一直讀下去的時候，我們發現這些字句在耶穌的死亡上凱旋式地得以成全。這光在黑暗中照耀，但黑暗是不能勝過它的。黑暗要勝過光，這個鬥爭再次提醒我們，在其他福音書中的引言中的事件：在馬可福音，耶穌受撒但試探；在馬太福音，希律企圖殺害耶穌；以及在路加福音，西面談及耶穌的死亡。[2]但到目前為止，約翰從未提及過耶穌，我們又怎會知道他所講的「道」，與耶穌有甚麼相干呢？在這一刻，有一位熟悉的人物出現。這當然是非施洗約翰莫屬了。他也是馬可和路加所提及的第一位重要人物。關於他的資料，我們所知道的，都十分相似：

> 有一個人，是從神那裏差來的，名叫約翰。這人來，為要作見證，就是為光作見證，叫眾人因他可以信。他不是那光，乃是要為光作見證。

正如其他福音書一樣，這裏再次講到施洗的作用是向前指到另一位，而我們到目前為此，只知道這一位就是道、生命和光。

施洗約翰突然地出現，也突然地消失。福音書作者轉回來告訴我們，關於要來到世界的真光，但世人並不承認這光，祂來到祂的子民中間，但並不被他們所接納。如果我們曾讀過其他福音書，也有讀過它們的引言的話，我們知道耶穌是不被自己的百姓所承認和接納的。又因為我們認識他們的故事，所以我們心裏會想：「他是指到耶穌的。」但第四位福音書作者還未提過耶穌這個名字。他講到百姓不承認和接受這光，其實在過去的日子，當神向祂的百姓啟示的時候，情況都是一樣的。「道」的內容是指到：時間的起始；神透過律法和先知的啟示，以及福音書作者準備要講給我們聽的耶穌故事。耶穌的故事是創造故事的一部分，這故事從此就一直繼續下去。自從有時間以來，這光都照在黑暗裏，而黑暗一直嘗試要熄滅光。即使當真光來到世界，祂自己的人都拒絕接受祂。然而，也有一些接受祂、相信祂名的人，成為神的兒女。這光在黑暗中照耀，但黑暗卻不能勝過它。

> 道成了肉身，住在我們中間，充充滿滿地有恩典有真理。我們也見過他的榮光，正是父獨生子的榮光。

雖然耶穌的名字還未被說出來，但來到這裏，我們真的必須要講及耶穌了，而且是要單單講及耶穌。施洗約翰又再次出現，似乎是為了要證實它：

> 約翰為他作見證，喊著說：「這就是我曾說，『那在我以後來的，反成了在我以前的，因他本來在我以前。』」

施洗約翰這兩次的出現肯定是古怪的，因為它出現在一段深奧的神學段落中，衝擊我們，將我們帶回現實世界。它們也與段落中其餘部分的風格很不一樣。整段開場白往往被形容為一首詩。雖然要說甚麼是詩體，甚麼不是詩體是很困難的，但這幾句肯定是用一種讚揚高舉的風格去寫的，而關於約翰的句子卻肯定是散文式的。那麼它們的作用是甚麼呢？有一位學者形容它們是「粗魯的打岔」，[3]認為它們是在開場白被放進福音書的時候才加插上去的。但是如果這個開場白是與福音書同時間寫成的，這個就不成理由了。為何作者要讓他的神學引言，被這些落實的關於施洗約翰的參考資料的所打斷呢？我認為答案就是：它們的作用是要告訴我們，福音書作者所講的人**是誰**。你記得嗎？他曾談及「道」，即使他現在告訴我們「道」成了肉身，但仍然沒有提及過耶穌的名字。但我們已經知道約翰是為某人作見證，並宣告這位在他以後來的人，是比他更偉大的。所以當我們在故事中，發現約翰這樣做的時候，我們這些開場白的讀者便會知道，他挑選出來提及的這一位，惟有就是「道」成肉身的那一位了。事情正正是這樣發生：在約翰福音一章19至28節，當約翰被問及他是誰的時候，他回答：「我是那在曠野呼喊的聲音，沒有甚麼特別的，但另有一位在我以後來的，比我更偉大。」然後，在下一節，耶穌出現了。約翰宣告說：「就是祂！祂是神的羔羊！我曾看見聖靈降臨在祂身上，我就知道祂是那位以聖靈施洗的。」[4]所以，施洗約翰在第四福音書的開場白中的作用，與在馬可和路加的引言中的作用是一樣的：他是一個指向耶穌的活路標，他向我們保證，我們所聽到的這些偉大神學真理，都是關乎祂的。

我認為這個開場白，是以創世記一章1至5節的註釋為開始，以出埃及記三十三章的註釋為結尾的。[5]這個故事記載摩西如何在西乃山懇求神讓他能夠蒙恩，向他彰顯祂的耀榮。我們需要了解，希伯來文的「恩惠」(favour)，往往被翻釋成希臘文的*charis*，就是「恩典」(grace) 的意思。而「榮耀」(glory) 這個字，是指到某人的本質，即是他或她的特性，這特性是表現在某人的臉上的。因此，摩西懇求神施恩典，讓他知道主是怎樣的。神告訴摩西，他不能活著見到神的面。但主將他放在洞穴中，當祂經過磐石的時候，摩西就可以看見神的背。這樣他就可以一瞥祂榮耀的映像。事情就這樣恰當地發生。當主經過的時候，祂告訴摩西祂是一位怎樣的神——有憐憫、恩典、忠實和守信。然後祂將兩塊刻著十條誡命的法板交給摩西。所以摩西對神的性情有了一些洞見。然後摩西帶著律法下山。因為經歷過神的同在，他的臉反射出耀榮而發光。

因此，以色列人從摩西的臉上，見到神榮耀的反射。以色列人間接地聽到神的誡命。我們再次回到約翰福音第一章，我們發現更加偉大的事在發生：

道成了肉身，住在我們中間，充充滿滿地有恩典有真理。我們也見過他的榮光，正是父獨生子的榮光。

1節告訴我們，「道」就是神。這經文又告訴我們，這「道」成了肉身，住在我們中間，或者説是與我們同在。在這裏希臘文*skenoō*希伯來文*shekinah*的回音，意思是神的同在。我們也見過祂的榮耀，滿有恩典和真理，這正是神最重要的特質。因著我們曾經見過「道」成了肉身的榮耀，所以我們也曾見到神本身的榮耀了。因為獨生子亦享有祂父親的特質。摩西得知神是怎樣的，但獨生子曾面對面見過神，所以祂能夠將神的本質向眾人啟示出來。

從他豐滿的恩典裏，我們都領受了，而且恩上加恩（恩惠加上恩惠）。……從來沒有人看見神（甚至摩西都沒有），只有父懷裏的獨生子將祂表明出來。

神透過祂兒子所向我們施的恩典（或恩惠），是遠遠超過神向摩西所施的恩惠。因為在兒子裏面，充分地顯露出神的榮耀，或是神的本質。如果我們還未能掌握到福音書作者所告訴我們的重點，他在17節就説出來：

律法本是藉著摩西傳的，恩典和真理都是由耶穌基督來的。

所以耶穌不單是神在西乃山向摩西所説的話的一個報告，

也不單是祂榮耀的反射，而是那「道」和榮耀的化身。我們所擁有的，是福音書作者所謂「道成了肉身」住在我們中間的那一位。

我們已經來到約翰的開場白的尾聲。我們學到甚麼呢？我們知道在耶穌身上所發生的事，是在創世以前，從「太初」開始，神聖的活動和啟示的一個**延續**。住在我們中間的「道」，正是那一位在太初、在西乃山，以及透過先知說話的「道」。我們不知道耶穌是否大衞的後裔，但我們確實的知道祂的神聖根源。我們知道祂與神的關係是父和子的關係。我們又知道從耶穌而來的啟示是超越摩西的律法的，因為這是一個直接的、完美的、神聖榮耀的摹寫品，並非粗劣的複製品。我們在馬太福音的登山寶訓的記載中，也找到這個概念。我們也知道，祂來到自己的百姓當中，卻遭受到拒絕。然而，那光照耀在黑暗中，黑暗卻不能勝過它。

事實上，如果我們要明白約翰福音其餘部分的內容，這一切正是我們所需要的資料。試想像一下，如果這卷福音書失掉了第一頁。試想像你對耶穌這個人物一無所知。現在你再想像一下，自己是第一次讀約翰福音，但裏面卻缺了頭十八節。你會怎樣理解這個故事呢？我懷疑你會很困惑，就像你嘗試讀一卷沒有頭十三節的馬可的故事一樣。在這兩個情況下，你會問自己：「這人是誰？為何他可以做到別人認為他會做的事情？到底發生甚麼事？」但馬可所講的故事，與第四福音書所講的故事，有一個很重要的分別。在馬可福音中，耶穌沒有為自己作任何聲稱，祂沒有告訴人祂是誰，而且祂常常叫那些開始猜測祂的真相的人閉口。在第四福音書中，耶穌卻作出了最驚人的聲稱。祂公開的說自己是「那位兒子」。祂以「我是……」為開始的句子，勇敢地為自己作不同的宣告：「我是世界的光」、[6]「我是復活、生命」[7](譯文與和合本不同)，甚至是「還沒有亞伯拉罕，就有了我」。[8]從人的層面來看，這些全都是駭人聽聞的聲稱。只是因為你和我已經讀過這開場白，我們才不致於因此而震驚。但在故事中的角色，都沒有讀過這個開場白。所以，怪不得他們大部分人都被祂的說話嚇壞了。他們問：「他是誰？」，又問：「他以為自己是誰？」

從歷史的層面來看，這些截然不同的耶穌畫像，可能會令你覺得困惑。一幅圖畫是耶穌不願意提及祂自己的身分，甚至是故意去隱藏它，這與第四福音書中，祂對自己所做的奇特聲稱的圖畫，是不可能協調的。從**歷史的**層面來看，符類福音中的耶穌，是比約翰所形容的耶穌更加可信的。但這並不是說，約翰所描述的耶穌不夠真實。原因是顯而易見的。**所有**福音書作者，都是向我們表達「福音」或「好消息」。他們要說服我們，基督徒對耶穌言行的理解(即神在祂裏面作工)是正確的。正如我們曾經看到，他們全都在引言中，提供了重要的資料給我們，然後才告訴我們耶穌的故事。當我們讀到那故事的時候，我們知道可以有很多方式去解釋它。例如：我們可以接納福音書作者的版本，或者採取耶穌的敵人的立場，認為耶穌是一位褻瀆者，祂的能力來自撒但。但福音書作者卻一次又一次的提示我們，要用一個**他們**認為我們應該用的方式，去理解這個故事。但當我們來到第四福音書的時候，提示變得勢如破竹。在其他福音書中，耶穌只是含蓄地對祂的身分作出聲稱，相反，在**這**

卷福音書中，祂口中的聲稱是明確的。在約翰的敍述中，我們一次又一次的找到，關乎耶穌屬性的神學性陳述，與明顯是福音書作者的敍述混在一起。我們今日太迫切要知道耶穌「真正講過的説話」是甚麼，以致這種方法令我們不安。但我們要明白，這並不是欺騙的手段。第四福音書是要指出：按著他的信念，耶穌真實的含義(significance)是甚麼，並且將這個含義與他寫作的處境拉上關係。所以我們發現耶穌大膽的説：「我是世界的光」、「我是復活和生命」。祂的聲稱有多大膽，我們讀開場白的需要就有多大。因為若果不明白這個開場白，任何的讀者都會摒棄這些自大狂妄的聲稱。

耶穌是「道」，在祂裏面有生命，這生命就是人的光。「光照在黑暗裏，黑暗卻不能勝過它。」(譯文與和合本稍有不同)即使祂來到自己的百姓當中，百姓也拒絕接受祂。在第四福音書中，耶穌的故事是發生在一個有衝突的背景中。在符類福音中，耶穌偶然會遭到文士和法利賽人的對抗，當祂進入耶路撒冷之後，又遭受大祭司的敵意對待。但在約翰福音裏面，耶穌在祂整個事奉過程當中，都是被敵視的。祂的敵對者，一般被稱為「猶太人」。我們會覺得這個用詞很古怪，因為耶穌和祂的門徒都是猶太人。但福音書作者講這個故事的方式，反映出他那個時代(公元後第一世紀末)的張力。在他寫作的年代，相信耶穌是彌賽亞的猶太人，與拒絕耶穌的宣聲(祂的跟隨者代表祂所作的宣稱)的猶太人，兩者之間的爭論已經很白熱化了。在他的福音書中，耶穌與「猶太人」之間的對話，反映出基督徒與他們的猶太人同胞之間激憤的辯論。一方面，耶穌的跟隨者在聲稱，耶穌的言行完完全全是神自己的工作和說話；另一方面，他們的敵對者卻視這些聲稱為褻瀆性的，因而摒棄了它。在整卷福音書中，猶太人被描寫為與耶穌敵對，也未能了解祂。他們這個失誤的原因，是他們不能理解在開場白中，向我們所道出的真相：他們不知道耶穌的神聖源頭。

我們習慣以基督教為一個新興和獨立的宗教，但在我們的新約文獻寫成的年代，基督徒仍然十分意識到，他們的信仰是猶太教的成全和實現。在第四福音書中的情況，其性質十分似一個家庭中的爭吵。正如很多家庭的爭吵一樣，雙方都是為繼承的問題而爭吵。這個繼承權應該屬於誰呢？猶太人說：「當然是屬於我們。我們是亞伯拉罕的子孫，我們聆聽和遵守摩西的律法。」基督徒說：「廢話！」「如果你們是亞伯拉罕的子孫，你們行事應該像亞伯拉罕一樣。」[9]「如果你相信摩西，你應該相信耶穌，因為摩西書上有指著祂寫的話。」[10]基督徒大膽地聲稱，亞伯拉罕的真兒子並不是傳統的猶太人，而是他們，因為他們真正明白摩西所寫的東西。在很多這些爭論背後的基礎，就是在開場白中所突出的一些主題：光[11]、生命[12]和真理。[13]

如果我們想像第四福音書是一個大型的接管戰，我們可能會明白它背後所發生的事。那個既有的、被公認的古老公司是猶太教。基督徒是新來的，他們聲言擁有猶太教裏面的每一樣東西。而他們的聲稱的基礎是：公司原先的創辦人屬意讓他們接管公司，而以前一直管理這公司的團隊，只不過是被安排作管理員而已。到時機成熟，他們的繼任者就要來接管。

他們聲言擁有猶太教裏面的每一樣東西，換句話說，最重要的是擁有摩西的妥拉(Torah)，即「訓誨」或律法。在福音書頭幾個爭論中的一個，耶穌曾聲稱摩西寫的話是指著祂的。[14]當然，這也是其他福音書作者在引用舊約時所曾聲稱的。在馬太福音五章17節，耶穌宣告：祂來是要成全律法和先知。但約翰卻用了一個稍為不同的方式，道出這個成全的含義。馬太在他頭兩章的經文中，認為有某幾段特別的舊約聖經可以應用在耶穌身上，但約翰卻認為不單如此，整本律法的目的，都在耶穌身上得以成全。有趣的是，我們發現在那些著名的「我是」格言中，有很多名詞是被猶太教用來形容律法的。「我是生命的糧、光、生命、道路及真理」，所有這些詞語都曾被用於猶太教的經文中。現在約翰告訴我們，耶穌聲稱祂**就是**這些東西。當然是這樣！因為如果耶穌是神真實的啟示，而不單只是給予摩西的手寫抄本，那麼祂必定是律法所聲稱的一切，而且遠遠超越它。約翰相信只要猶太人能夠細心用功地讀他們的聖經，他們一定能發現聖經是為耶穌作見證的。[15]我們讀過這段開場白的人，就已經知道和明白耶穌是光、生命和真理。

再者，「耶穌是誰」的宣稱也有行動的支持。那些「我是」格言，通常有一致性的神蹟與耶穌的宣稱連在一起。在餵飽一大羣人的神蹟後，耶穌在講道中聲稱自己是生命的糧。[16]在祂是世界的光的聲稱[17]之後，就是賜恩給生來瞎眼的人得回視力的神蹟。[18]祂聲稱是羊的門和為羊捨命的好牧人，[19]是向前指向祂被釘十字架的事。祂聲稱自己是復活、生命，[20]是在叫拉撒路從死裏復活之後說的。然而，因為耶穌的敵對者在過去未能聆聽神的「道」，所以雖然耶穌說神的話，作神的工，他們也未能從耶穌身上認出這「道」。[21]

約翰開場白的主題是「道」，就是把生命與光帶進世界的。但對神來說，說話就是行動。所以我們發現祂的「道」是在**行動**和**說話**當中啟示出來，也就不會以為奇怪了。第四福音書的主題是：耶穌的話語和工作，帶來了亮光和生命。事實上，這也正是神自己的話語和工作，也因此彰顯了祂的榮耀。

> **道成了肉身，住在我們中間，充充滿滿有恩典有真理。我們也見過他的榮光，正是父獨生子的榮光。**

當然，正如我們提過，榮耀是指到某人的本質。「道」成了肉身，是彰顯了「道」(即是神) 的榮耀。整本約翰的福音書都包含一個意義，是神的榮耀在耶穌身上彰顯。其意思也是：神透過耶穌所作的得了榮耀，而當神得榮耀的時候，祂的身分就是真正被承認了。

耶穌被視為律法和先知的「成全」。但猶太人的信仰表達，不單在順服律法方面，也在透過對神的敬拜 (集中在某些特定的節期) 中表達出來。約翰福音其中一個有趣的地方，就是他的故事大綱與其他三位福音書作者的差異很大。耶穌受死和復活的故事必然是放在最後，但在這些事件之前的背景是很不同的。耶穌花大部分時間在耶路撒冷，而不是以加利利為基地。祂幾次進入耶路撒冷，而不只是一次。在符類福音書中，我們只聽到一次逾越節的慶典，就是耶穌受死那一次。約翰提及三次的逾越節，並提及在期間的各種節期。再者，這些各種的節期在故事當中，似乎佔一個重要的角色。因為我們發現很多耶穌的話語和神蹟，都是適切當時那個節期的主題。例如：在約翰所提及的第二次的逾越節的前後，[22]耶穌餵飽一大羣人，祂就講到糧食的主題。祂更進一步將神透過摩西在曠野給百姓的糧食，與祂自己給他們的糧食作對比。糧食就是耶穌自己，因為祂說：「我就是生命的糧。」[23]摩西與耶穌的對比，對任何傳統的猶太人來說，當然似乎是太駭人聽聞了。但我們讀過開場白的陳述：律法本是藉著摩西傳的，恩典和真理都是由耶穌基督來的。你和我都會明白這點。而且，耶穌聲稱自己是生命的糧，這主題是很適合在逾越節當中思想的，因為它與出埃及的經歷，和在曠野中得嗎哪的恩典是銜接的。還有其他約翰特別提到的節期，有住棚節[24]和修殿節[25]。住棚節中的每一個清晨，都有一個儀式，是從西羅亞池中取水，把水澆在聖殿的祭壇上。我們發現耶穌說，自己是活水的泉源，[26]肯定是因為這個緣故。修殿節是慶祝聖殿恢復獻祭的節日。為何耶穌會在這個節期中，提及祂為羊捨命呢？我們從所謂的潔淨聖殿的事件（約翰把它放在耶穌第一次入耶路撒冷的期間）中知道，聖殿是象徵祂的身體，而且有一個新的聖殿要透過祂的死亡和復活被建立起來。若果將兩個概念放在一起，我們會得出一個混合的隱喻：羊需要新的羊欄，而不是新的聖殿！然而，耶穌死亡的主題，肯定是與這個節期的主題是吻合的。

耶穌成全了一切的節期，並且透過祂，神得到真正的敬拜和榮耀。我們這些讀過這段開場白的人，同樣不會覺得驚訝，因為我們已經知道，神的榮耀在耶穌身上啟示出來。意思是說，我們不但在祂身上見到神是怎樣的，而且祂是那位真正榮耀神的人。

然而，對這位福音書作者來說，神聖榮耀的啟示，集中在十字架這特定的事件上。基督徒很輕快地唱詩「十架是我的榮耀」，我們稱釘十字架為一個榮耀，是多麼的不尋常，但我們對這樣的疏忽，卻完全沒有顯出驚訝。釘十架的設計是要帶來羞恥和屈辱，並且叫受害者承受極大的痛楚。「榮耀」可能是一個最不合用於形容十架的字眼。路加是更加合邏輯地說，耶穌在進入榮耀**之前**，忍受了苦難。[27]但在約翰福音，這兩個主題是被合併了。約翰用了**雙重含義** (double entendre) 的手法去處理「舉起」(to lift up) 這個動詞。耶穌在十字架上被舉起的同時，也是被舉起進入榮耀中。[28]當約翰提及耶穌，或者神要得榮耀的時候，他極多是提到耶穌的死。[29]原因就是十字架是神本質的至高啟示：是祂的愛和祂拯救世人的計劃的至高啟示。又因為十字架啟示了神的本質，所以祂是透過十字架得了榮耀。[30]雖然在整個事奉過程中，耶穌都在啟示神的榮耀，但祂的死亡所啟示出來的榮耀，超過這一切。所以，榮耀的最後和終極的啟示，是在故事的結尾。從施洗約翰第一次指向耶穌，宣告說：「看哪！神的羔羊，除去世人罪孽的」[31]的那一刻開始，每一件事都引導到這件事，也指向這件事。耶穌死亡的時刻，正是祂一直所等待的時刻，也是祂要來的原因。[32]

在這個獨特的引言中，這位福音書作者已經給我們一把鑰匙，讓我們可以明白他的福音書。這是約翰鄭重的陳述：早在時間起始的時候說話的「道」，也在整個歷史過程中仍在說話的「道」，現今已在耶穌裏面，成了肉身。如果我們接受這陳述，那麼我們會明白耶穌的話語和作為，其實就是神自己的作為。在創世之時，照在黑暗裏的光，也透過神向祂子民的自我啟示，在整個歷史過程中照耀，也在耶穌的生命和死亡中照耀，而這光是黑暗所不能熄滅的。在十字架上，耶穌最後和得勝的作為，把神的榮耀吊詭地、完滿地啟示出來。在約翰福音裏面，耶穌在臨終之前最後的話：「成了！」，是祂成功得勝的呼喊。最重要的是，在十字架上，我們見到榮耀也屬於父的獨生子。在這裏我們承認祂是恩典和真理的化身。福音書作者開頭的幾個段落，在耶穌「榮耀」的死亡中得以成全。

註釋

1. P. Borgen, *Bread From Heaven* (Brill, 1965)，作者「對約翰開場白中的他爾根人物的觀察」。
2. 可一12及其後；太二13～18；路二35。
3. J. A. T. Robinson, 'The Relation of the Prologue to the Gospel of St. John'.
4. 見M. D. Hooker, 'John the Baptist and the Johannine Prologue'。
5. 見M. D. Hooker, 'The Johannine Prologue and the Messianic Secret'. 52～58。
6. 約八12。
7. 約十一25。
8. 約八58。
9. 約八39。
10. 約五46。
11. 約三19～21，八12及其後，九5、39。
12. 約三15、36，五24～26，六51及其後。
13. 約三33，八44～46，十八37及其後。
14. 約五46。

15. 約五39。
16. 約六35、48、51。
17. 約八12，九5。
18. 約九章。
19. 約十7、9、11、14。
20. 約十一25。
21. 約五36～38。
22. 約六4。
23. 約六35。
24. 約七2。
25. 約十22。
26. 約七37～39。
27. 路二十四26。
28. 約三14，八28，十二32、34。
29. 約七39，十二16、23、28，十三31及其後，十七1。
30. 約十二28，十三31，十四13，十七1。
31. 約一29。
32. 約十二27。

結語

雖然四位福音書作者的記載，有很多相似之處，但他們對福音帶出了四種不同的理解。然而，每位作者都嘗試做同一樣的事情，就是透過耶穌的事奉、死亡和復活，將祂的好消息表達出來。他們有一個共同的特點，就是以一個引言或「開場白」作為開始。從某個意義來說，這是獨立於後面的內容的，但這卻是書中必須有的內容。這四個引言所提供的資料十分相似。然而，它們的差異也是多麼的大！它們提供資料的方式，也是這麼的不同！馬可福音的方式是透過一些場景，直接帶入耶穌的事奉；馬太福音則是透過一個家譜、出生的敘述及引用幾處的經文；路加福音是透過幾個不同的降生的敘述和先知的評論，而約翰卻是透過神學的反省。如果這些「開場白」是福音書的鑰匙，那麼，它必須要是正確的鑰匙。馬可所提供的引言，對明白約翰福音的作用是不大的，**反之亦然**。馬太對耶穌的出生敘述切合**他的**目的，但不適用於路加的福音書、而路加的記錄，也不能幫助我們明白馬太的用意。

從某個意義來說，我們的福音書作者可能是太成功了。我們用了他們在引言中所提供的資料，照亮了故事其餘的部分，然後忘記了他們所給我們的資料是「特權的資料」，是獨立於後面的內容的。這種做法的結果，就是令我們覺得困惑，為何故事中的人物看不見我們認為是顯而易見的東西。我們還怪責他們未能理解明白。我們忘記了，他們是不知道我們所知道的——耶穌就是彌賽亞、神的兒子、是舊約盼望和應許的成全，而且有神的靈在祂裏面作工。可能這是無可避免的，因為基督徒已經讀過這故事很多遍，若沒有這種事後領悟的幫助，他們是不能夠讀得懂的。我們知道那位在加利利遊盪的古怪講員和醫治者，就是期待已久的彌賽亞。我們與第四福音書的作者分享到這個知識：耶穌所作的驚人聲稱都是真的，因為祂是「道」成了肉身，也是父的獨生子。除了約翰福音一章1至18節顯然是神學反省外，我們在讀這開場白的時候，就像是讀故事的一部分，也忽略了它們特別的功能，是要提供消息及照亮其他部分。

我相信這些簡單的研究，可以幫助更多的讀者明白，當福音書作者給我們這些鑰匙去開啟福音書的秘密時，他們是在做甚麼。從而我們會更欣賞他們所講的故事，以及他們嘗試要傳達的信息。

進深閱讀資料

一般書籍

Davies, Margaret. *Matthew.* JOST Press, 1993.

Green, Joel B. *The Theology of the Gospel of Luke.* Cambridge University Press, 1995.

Hooker, Morna D. *The Message of Mark.* Epworth Press, 1983.

Kingsbury, Jack Dean. *Matthew as Story.* 2nd edition. Fortress Press, 1988.

Lightfoot, R. H. *The Gospel Message of St. Mark.* Oxford Univeristy Press, 1950.

Lindars, Barnablas. *John.* New Testament Guides, JSOT Press, 1990.

Luz, Ulrich. *The Theology of the Gospel of Matthew.* Cambridge University Press, 1995.

Marshall, I. H. *Luke: Historian and Theologian.* Paternoster Press, 1970.

Moloney, Francis J. *Beginning the Good News.* St Paul Publications, 1992.

Richardson, Neil. *The Panorama of Luke.* Epworth Press, 1982.

Riches, John. *Matthew.* New Testament Guides. JSOT Press, 1996.

Smally, S. S. *John: Evangelist and Interpreter.* Paternoster Press, 1978.

Smith, D. Moody. *The Theology of the Gospel of John.* Cambridge University Press, 1995.

Telford, W. R. *Mark.* New Testament Guides. JSOT Press, 1996.

Tuckett, C. M. *Luke.* New Testament Guides. JSOT Press, 1996.

學術性書籍

Alexander, Loveday. *The Preface to Luke's Gospel: Literary Convention and Social Context in Luke 1.1～4 and Acts 1.1.* SNTS Monograph 78. Cambridge University Press, 1993.

______, 'Luke's Preface in the Context of Greek Preface Writing', *Novum Tesamentum* 28, 48～74. 1986.

Barrett, C. K. 'The Prologue of St John's Gospel', in *New Testament Essays*, 27～48. SPCK, 1972.

Bilezikian, G. G. *The Liberated Gospel: A Comparison of the Gospel of Mark and Greek Tragedy*. Baker Book House, 1977.

Borgen, Pdeder. 'Observations on the Targumic Character of the Prologue of John'. *New Testament Studies* 16, 288～295. 1970.

Brown, Raymond E. *The Birth of the Messiah.* 2nd edition. Geoffrey Chapmen, 1993.

Earl, D. 'Prologue-form in Ancient Historiography', *Aufsteig und Niedergang der Röischen Welt 1.2*, 842～856. 1972.

Farris, Stephen. *The Hymns of Luke's Infancy Narratives.* JSNT Supplement 9. JSOT Press, 1985.

Hooker, Morna D. 'John the Baptist and the Johannine Prologue', *New Testament Studies* 16, 354～348. 1970.

Hooker, Morna D. 'The Johannine Prologue and the Messianic Secret', *New Testament Studies* 21, 40～58. 1974.

______, 'The Beginning of the Gospel', in *The Future of Christology: Essays in honor of Leander E. Keck*, 18～28. Edit. Abraham J. Malherbe and Wayne A. Meeks. Fortress Press, 1993.

Johnson, Marshall D. *The Purpose of the Biblical Genealogies.* 2nd edition. SNTS Monograph 8. Cambridge University Press, 1998.

Keck, L. E. 'The Introduciton to Mark's Gospel', *New Testament Studies* 12, 352～370. 1996.

Laurentin, Renè *Structure et Thèologie de Luc 1～11.* Gabalda, 1957.

Minear, Paul S. 'Luke's Use of the Birth Stories', in *Studies in Luke-Acts*, 111～130. Edit. L. E. Leck and J. L. Martyn. Abingdon Press, 1966 and SPCK, 1968.

Oliver, H. H. 'The Lucan Birth Stories and the Purpose of Luke-Acts', *New Testament Studies* 10, 202～216. 1964.

Rhoads, David and Donald Michie. *Mark as Story.* Fortress, 1982.

Robinson, John A. T. 'The Relation of the Prologue to the Gospel of St John', *New Testament Studies* 9, 120～129. 1963. Reprinted in *Twelve More New Testament Studies*, 65～76. SCM Press, 1984.

Smith, Dennis E. (ed.) 'How Gospels Begin', *Semeia* 52. Society for Biblical Literature, 1991.

Stendahl, K. 'Quis et Unde?', Reprinted in *The Interpretation of Matthew*, 56～66. 2nd edition. Edit. G. N. Stanton. T. & T. Clark, 1995.

緊扣時代 服事教會

以文字傳揚基督真道

讀者意見表

衷心多謝你購買本社書籍。本社一直致力以出版事工服事教會，幫助信徒扎根於神的話語，促進靈命增長。為使我們的出版更能滿足你的需要，請填寫下列各項資料，並寄回或傳真予本社。

所購書籍：________________

本書最吸引你的地方：

□作者　□適切性　□文筆　□設計　□實用性

□其他：________________

購買本書地點：

□基道書樓　□基督教書店　□非基督教書店

性別：□男　□女　職業：________________

信仰：□基督徒　□非基督徒

年齡：□ 16 歲或以下　□ 17～25 歲　□ 26～35 歲

□ 36～55 歲　□ 56 歲或以上

學歷：□中三或以下　□中五　□預科

□大學　□研究院

□我欲更多了解基道出版社的事工及考慮支持，請寄給我下列資料：

□機構簡介　□新書資料　□基道會員通訊

□《基道文字事工通訊》

姓名：________________電話：________________

地址：________________

____

傳真：________________ 電子郵件：________________

其他意見：________________

____

多謝賜教！

意見表可以傳真（2687-0281）或直接郵寄以下地址：
香港沙田火炭坳背灣街26號富騰工業中心1011室
基道出版社編輯部收